中国工业发展之路

成昆铁路

中国科学技术协会 组编
赵其红 编著

中国科学技术出版社
中共中央党校出版社
·北京·

图书在版编目（CIP）数据

成昆铁路 / 赵其红编著 . -- 北京：中国科学技术出版社：中共中央党校出版社，2022.10
（红色工业）
ISBN 978-7-5046-8988-7

Ⅰ.①成⋯ Ⅱ.①赵⋯ Ⅲ.①铁路工程—建设—史料—中国 Ⅳ.① F532.9

中国版本图书馆 CIP 数据核字（2021）第 039490 号

总 策 划	郭 哲　秦德继
策划编辑	李 洁　符晓静　张敬一
责任编辑	李 洁　史朋飞　桑月月
封面设计	北京潜龙
正文设计	中文天地
责任校对	张晓莉
责任印制	徐 飞

出　　版	中国科学技术出版社　中共中央党校出版社
发　　行	中国科学技术出版社有限公司发行部　中共中央党校出版社
地　　址	北京市海淀区中关村南大街 16 号
邮　　编	100081
发行电话	010-62173865
传　　真	010-62173081
网　　址	http://www.cspbooks.com.cn

开　　本	720mm×1000mm　1/16
字　　数	105 千字
印　　张	11
版　　次	2022 年 10 月第 1 版
印　　次	2022 年 10 月第 1 次印刷
印　　刷	北京顶佳世纪印刷有限公司
书　　号	ISBN 978-7-5046-8988-7 / F·927
定　　价	50.00 元

（凡购买本社图书，如有缺页、倒页、脱页者，本社发行部负责调换）

不忘初心，方得始终

鸦片战争以来，为了改变中华民族的命运，一代代仁人志士苦苦寻求救亡图存、民族复兴的道路。但是，从洋务运动的"自强求富"、维新派的"工商立国"、民族资本家的"实业救国"到割据军阀的"实业计划"等，均以失败告终。旧中国工业发展历程证明，没有先进理论的指导，任何政党和团体都不能带领中国完成工业革命，更不能完成社会革命和实现民族复兴。

1921年，中国共产党在嘉兴南湖一条游船上诞生。从此，中国共产党领导中国人民披荆斩棘、筚路蓝缕、艰苦创业、砥砺奋进，走过了艰难曲折的奋斗历程，创造了举世瞩目的辉煌成就，书写了波澜壮阔的历史画卷，留下了弥足珍贵的精神财富。

中国共产党成立伊始，就与工人阶级紧密联系在一起。安源煤矿、京汉铁路、香港海员的工人运动的胜利，展现了中国工人阶级坚定的革命性和伟大的斗争力量。中国共产党走上武装斗争道路之后，红色工矿企业成为革命物资的重要支撑，人民军工从一开始就确立了听党指挥跟党走的血脉基因。中央苏区时期先后创办了官田中央红军兵工厂、造币厂、纺织厂、西华山钨矿、公营纸厂等；安源煤矿、水口山铅锌矿等的产业工人是红军重要的技术兵种来源。抗日战争时期，军工部门领导成立了边区机器厂、延长油矿、盐矿、煤矿、黄崖洞兵工厂等，为坚持敌后抗日战争、夺取抗日战争的最后胜利做出了重要贡献，同时培养出刘鼎、李强、沈鸿、吴运铎、刘贵福等一大批军工骨干。解放战争时期，在东北解放区接收、创办了我军历史上第一个大型现代化兵工联合企业——建新工业公司，为中华人民共和国的建立做出了不可磨灭的贡献；东北铁路总局掌握的运输力量，为解放战争提供了重要后勤支持。

中华人民共和国成立后，在中国共产党的带领下，全国人民艰苦奋斗，在"一穷二白"的基础上，经过"三年恢复期"和两个"五年计划"，建立了独立且较为完整的基础工业体系和国防工业骨架。"三五"时期开始的三线建设提高了国家的国防能力，改善了我国国民经济布局。20世纪70年代初期，在国际形势缓和的形势下，开始了从美国、法国、日本等大规模引进成套技术设备的"四三方案"和"八二方案"，开始同西方发达国家进行大规模的交流与合作。

中华人民共和国成立后的近30年，中国共产党领导中国人民走完了西方发达国家上百年才走完的工业化道路，为改革开放后的全面腾飞打下了坚实基础。如今，中国已成为覆盖联合国产业分类中所有工业门类的制造业大国,工业增加值居全球首位。中国工业建设所取得的巨大成就,完美诠释了中国共产党为中国人民谋幸福、为中华民族谋复兴的初心和使命。

中国科协作为中国共产党领导下的人民团体,是广大科技工作者的精神家园。记录中国革命、建设、改革、复兴事业不断前进的艰辛历程,发掘工业遗产中蕴含的红色元素,以红色工业故事为切口讲好历史,传颂广大科技工作者、工人劳模的光辉事迹,传承好红色基因,赓续红色精神血脉,是科协组织义不容辞的责任。

百年征程波澜壮阔,百年初心历久弥坚。在加快建设科技强国、实现高水平科技自立自强的目标的引领下,新时代的科技工作者应该从党的百年光辉历程中汲取历史营养,汇聚奋进力量,始终听党话,永远跟党走,大力弘扬和践行以"爱国、创新、求实、奉献、协同、育人"为核心的科学家精神,以永不懈怠的精神状态和一往无前的奋斗姿态勇担建设科技强国的历史使命,推动新时代科技事业高质量发展,在建设社会主义现代化国家的新征程中做出更大贡献!

不忘激情燃烧的红色岁月,奋进波澜壮阔的强国之路,谨以此书系献礼中国共产党第二十次全国代表大会。

中国科协党组成员、书记处书记

"红色工业"丛书编辑委员会

主　任：申金升

副主任：石　楠　张柏春

成　员（按姓氏笔画排序）：

　　于海宏　史朋飞　冯立昇　毕海滨　刘　萱

　　刘向东　刘伯英　齐　放　李　洁　杨　玲

　　吴善超　陈　玲　陈东林　符晓静　潜　伟

主　编：申金升　潜　伟

副主编：毕海滨　刘向东

编写组（按姓氏笔画排序）：

　　王巧然　亢　宾　冯书静　孙正风　李小建

　　武月清　赵其红

目录
CONTENTS

001 / 第 1 章
说不尽的成昆铁路

015 / 第 2 章
让毛主席睡个好觉

027 / 第 3 章
周总理的批示

041 / 第 4 章
被判"死刑"的成昆铁路

051 / 第 5 章
洞子通了，通车就有了保证

065 / 第 6 章
大自然中的桥梁博物馆

079 / 第 7 章
成昆铁路上的战斗组

089 / 第 8 章

华罗庚说：我能计算出复杂的数学公式，但我计算不出铁道兵对党和人民的忠诚

099 / 第 9 章

彭德怀说：给他们立个碑，要让后人记住他们

113 / 第 10 章

南瓜生蛋的秘密

125 / 第 11 章

送给联合国的礼物

137 / 第 12 章

成昆铁路的修建，改变了西南地区 2700 万人的命运

147 / 第 13 章

沿着前辈的足迹前行

157 / 第 14 章

红色基因永流传

红色
工业

第1章
CHAPTER ONE

说不尽的成昆铁路

成昆铁路建于我国"三线建设"时期，自成都抵昆明，北接宝成、成渝铁路，南连贵昆、昆河等铁路，横穿"川西粮仓"，是我国20世纪60年代修建的难度最大、现代化水平最高、建设周期最长、用到劳动力最多的一条干线铁路。其修建对于我国西南地区交通系统的完善、经济的发展和民族的团结具有十分重要的意义，但其修建也克服了非同一般的困难。

成昆铁路自成都经彭山、眉山、夹江、峨眉、峨边、甘洛、喜德、西昌、德昌、米易、元谋、禄丰、安宁抵昆明,是我国在20世纪60年代修建的难度最大、现代化水平最高、建设周期最长、用到劳动力最多的一条干线铁路。

成昆铁路惠及四川、云南两省7个地(州)及其所属的50个县、市,面积达13.6万平方千米。沿线物产、资源丰富,位于川西平原的成都峨眉段,有"川西粮仓"之称,四川省的西昌地区和云南省的元谋至昆明一带盛产粮食和经济作物。沿线地层中藏

△ 成昆铁路示意图

有煤、铁、铜、铝、锌、石棉、磷、岩盐等多种金属矿和非金属矿。大渡河、雅砻江、金沙江流域都有丰富的森林、水力资源，成昆铁路的修建对沿线地区经济的发展大有助益。

成昆铁路建于我国"三线建设"时期，建成后，北接宝成、成渝铁路，南连贵昆、昆河等铁路，与泛亚铁路相连，是我国铁路网中具有重要战略意义的铁路干线，对于"三线建设"时期我国工业体系的建成与运行，改善西南地区的交通状况，密切西南边疆与全国各地的联系，加强民族之间的团结，促进西南地区的经济发展和国防建设，都有十分重要的意义。

我国从1952年开始进行成昆铁路的选址勘测，1953年确定采用中线方案，1955年放弃中线方案改为西线方案，直到1958年才确定全线的初步设计及成峨段、沙木拉打隧道等重点工程的施工方案。

1958年7月，北段（成都至峨眉段）全面开工，重点工程沙木拉打隧道最先开始施工。从1959年4月开始，国家政策缩短了基本建设战线，成都至沙湾段进行收尾工作，沙湾以南重点隧道维持施工，其余均停工。1960年，成昆铁路建设被再度提上修建日程，计划于1961年年底通至西昌，但因国家经济困难，成都至青龙场段收尾后再次停工。1961年5月复工，预期1963年铺轨到西昌，但到1962年，除处理成峨段水害及路基病害工点外，其余修建再次收尾停工。南段，除碧鸡关隧道于1960年2月开工不久即停工外，其余路段均未能如期施工。在此期间，全线曾多次改变标准进行定测、变更设计。5年中，主要受经济条件限制，成昆铁路三上三下。除完成土石方2000多万立方米、隧道约10千米、桥梁约5千米的修建外，仅成都至青龙场段的61.5千米实现了铺轨通车。

1964年8月，党中央制定了加快"三线建设"的战略决策，毛主席指示"成昆线要快修""川黔、贵昆路也要快修"。于是，在周恩来总理的部署下，在全国人民的大力支援下，一场轰轰烈烈的西南铁路建设大会战拉开了序幕。1966年8月，中央发出了成昆铁路要于1968年7月1日前修通的号召，工地出现前所未有的修建热潮。

1967年1月，受到"文化大革命"的影响，指挥全线建设的西南铁路建设工地指挥部瘫痪，铁路员工施工的北段濒临停工。铁道兵

△ 铁道兵第一、第五、第七、第八、第十师，独立机械团，独立汽车团等，以"红军不怕远征难，万水千山只等闲"的豪情壮志开赴铁路修建工地

第1章 说不尽的成昆铁路　005

部队施工路段虽然比较稳定，但由于工程物资运输不畅，部队派人四处联系，翻出了所有库存，仍不能维持正常的施工进度，加上部队要完成"三支"（支工、支农、支左）、"两军"（军管、军训）任务，施工处于断断续续的状态。

1969年5月，遵照周恩来总理的指示，西南铁路建设由铁道兵统一组织指挥。1969年年底，中央发出了"成昆铁路务必于1970年7月1日通车"的指示。经过筑路者不到一年的努力，全线按规定时间通车。线路经过验收交接，于1971年1月1日正式交付使用。自1958年开工到1970年通车，成昆铁路的建设历时12年。

成昆铁路是在艰险山区修建的一条大干线，施工条件异常艰苦。

从地形上看，成昆铁路由海拔500米左右的四川盆地，逆大

△ 1970年7月1日，成昆铁路全线通车

渡河、牛日河而上，穿越海拔2280米的沙木拉打隧道后，沿孙水河、安宁河、雅砻江下至海拔1000米左右的金沙江河谷，再溯龙川江上行至海拔1900米左右的滇中高原。线路起伏很大，有700多千米穿过川西南和滇北山地。大渡河、金沙江峡谷两岸分布着数百米高的陡岩峭壁；牛日河、孙水河、龙川江三条河谷最陡地段的河床坡度分别达25‰、42‰、20‰。途经地形情况之险峻至今堪为中国铁路之最。

△ 大渡河边劈山开路

从地质上看，线路所经地区由于历次地质构造运动的影响，从北到南有5条大断裂，牛日河、安宁河、雅砻江、金沙江和龙川江沿着或平行于大断裂带构造河谷。沿线的大断裂多数具有多期性和继承性，活跃程度与地震的发生和分布有着极为密切的关系。断裂带附近的地震烈度都在7~9度区，全线超过500千米位于这些地段，有200千米、40多座隧道位于8~9度地震区。沿

第1章 说不尽的成昆铁路　007

△ 在龙川江峡谷的纳乌算隧道出口开辟施工场地

线按地质年代从老到新各种类型都有，且因受过强烈构造作用，地层比较破碎；有些地段还有含盐、含硝、含石膏地层。在成都、昆明附近，安宁河、金沙江、龙川江等河谷内，还分布着"成都黏土""昔格达层""龙街粉砂""元谋组"淤泥质软土等特殊性质的地层。成昆铁路通过的地方，堪称一座座"地质博物馆"！

西南多水，沿线地下水发育，有的断层裂隙水的涌水量每昼夜近 2 万吨；有的水中还含有盐、石膏，甚至含高浓度硫酸盐，高侵蚀性使铁路的修筑难上加难。

西南多湿热，线路经过川中盆地湿热区，大渡河、金沙江峡谷干热区和滇中高原温和区。湿热区年降水量达 1600 毫米。沿线不同地段和同一地区的不同高度，气候差异显著。

复杂的地形、地貌、地质、水文和气候，造成了成昆铁路沿线 183 处较大的滑坡、近 500 处危岩落石、约 100 处崩塌、200 多处岩堆、249 条泥石流沟。此外，还伴有河岸冲刷、山体错落、岩溶、岩爆、有害气体等危险因素。这简直是名副其实的修路禁区！但凡可以避开，没人愿意在这样的地方修路，更何况是修铁路！

然而，在"三线建设"时期，许多重点企业遵循着"靠山、分散、隐蔽"的方针，大多建于高山峡谷地带，攀枝花要建成钢铁基地、西昌要建成卫星发射基地、重庆要建成军工生产基地，这些都要靠成昆铁路来保障运输。西南地区的少数民族和贫困人口大部分居住在攀西大裂谷一带，修建一条铁路、带动那一片的经济，对全社会的稳定意义重大，并且沿线山区还有很多待开发的矿藏、水资源和旅游资源等。所以，明知山有虎，偏向虎山行。

这条铁路的修建困难有多大？

成昆铁路在党、国家和全国人民的全力支援下，动用了在建筑领域最能吃苦、最能战斗的铁道兵，动用了建设技术最好的铁路工人，动用了最具支援能力的民工，修筑人员总数达 30 多万人。购置了现代化的，甚至是当时世界上最先进的施工设备，发动了全国所有有关部门、相关专业的技术专家，建立了最强的指挥机构。但是，筑路者依然经历了最艰苦的修路过程，遭遇了最大的牺牲。至今，成昆铁路沿线 23 座烈士陵园，2100 多名烈士，成了全国人民心中永远的痛！而这 23 座烈士陵园中，铁道兵烈士陵园就有18座；2100多名烈士中，只有1400多名留有姓名，但他们在我们心中有一个响亮的名字——人民英雄，他们是一群年纪永远定格在18～20岁的铁道英雄。

半个世纪过去了，多少人间往事流入沉寂，可人们对成昆铁路的关注度始终未减。那是因为，成昆铁路已经熔铸成了一座时代的丰碑。

成昆铁路是中华民族自强不息精神的丰碑。有人质疑，我们为什么非要在修路禁区修铁路，绕开不行吗？作为在一穷二白基础上建立起来的中华人民共和国，我们太需要工业，太需要钢；我们太需要把我们的宝贝藏于深山避开危险，太需要一个战略后方；我们太需要全民族精诚团结改变落后面貌，太需要一个政治、经济都稳定繁荣的大西南了……

中华民族骨子里流淌着自强不息的血液，越是困难越向前，风雨压不垮、苦难中开花，只要能让国家强大，只要能让人民幸福，苦和难从来不是障碍！凭借这种精神，30多万名成昆铁路建设者与恶

△ 战士们开出的施工便道，两山之间也架起了索道

劣环境做斗争、向天险绝境要通途，无畏无惧、自强不息，终于赢得了这场人类与自然的战争。

成昆铁路是民众大公无私品德的丰碑。中华人民共和国成立后，在党的领导教育下，民众原有的中华民族友善、慷慨的品德升华成大公无私的价值观。一方有难，八方支援；事关会战，倾其所有；万众一心，同仇敌忾；上下同力，一呼百应。这种价值观，集中体现在"三线建设"中，集中体现在成昆铁路建设会战中。成昆铁路缺少技术力量，唐山铁道学院的教职工毫不犹豫地搬进了西南的大山里；运输力量吃紧，每个省都向工地派出了支援的汽车；施工中遇到了难题，全国最好的专家组成了战斗组；建设物资短缺，当地百姓将自家的材料送往工地；会战缺人手，除了老弱病残，当地村民全部上了工地……

成昆铁路是弘扬忠诚、勇敢文化的丰碑。中华民族的伟大复兴是中国人民共同的理想，为了实现这一理想，不畏艰难与困苦，不计得失与牺牲，在各级组织正确的领导下，忠诚于事业，勇敢去战斗，一切行动听指挥。所以，中国共产党领导下的中国人民是能够集中力量办大事的。1964—1966年，成昆铁路建设的两年会战中，工地指挥部组织了"月成洞百米竞赛活动""双百（月成洞百米、每米百工）、双保（保质量、保安全）、两不超（材料、风电不超耗）活动""万方（每机月产万立方米）、三保（保质量、保安全、保节约）、两率高（机械完好率、使用率高）活动"，还

△ 战士们每天要走这样的路去工地

有建设者自行发起的"大桥不过月、中桥不过旬、小桥不过日活动"。广泛开展的评比竞赛和树样板活动使全线的施工效率达到相当的高度，两年就完成了全线70%的工作量。没有建设者的忠诚和勇敢，这样的速度无论如何都是无法实现的。

成昆铁路是中国铁路建设走向现代化的丰碑。用科学的态度处理难题，以最好的技术攻克难关，凭最旺盛的斗志勇敢向前，是成昆铁路获得国家科学技术进步奖特等奖、获得联合国最高评价的基础。

周总理指示，对进口设备要"一用、二批、三改、四创"。于是，工地指挥部以最积极的态度大胆进口世界最先进的设备；用最严谨的试验探索设备发挥效能的办法；大胆使用新技术，大胆尝试新工法。成昆铁路也因此拥有了众多的第一。

成昆铁路是我国第一条完全用自己的标准设计、建设的铁路；是我国第一条全线一次采用内燃机牵引的一级干线；第一次使用栓焊梁拱桥技术，且112米栓焊系杆拱已接近世界先进水平；桥墩从实体到空心、从厚壁到薄壁、从砌块到钢筋混凝土，从此我国桥梁的墩台建造走上了轻型化的道路；针对复杂地质上建桥难的问题，广泛推广钻孔桩基础，创造和普遍采用挖孔桩基础，为桥梁基础施工开辟了新路；大胆采用滑动钢模灌筑钢筋混凝土空心墩新工艺，试验取得成功后，在全线21座大桥165个桥墩建造中推广应用；第一次试用铰接悬臂梁新结构，第一次制作串联梁，从此，中国制梁人在预应力混凝土梁的跨度有了一次又一次突破，在这个技术点上终于成为世界第一；由现场预制混凝土块件，吊运拼装拱桥的拱圈和桥梁，开创了桥梁制造工厂化和装配机械化的先河；改变上下导坑分段施工的传统隧道开挖法，第一次进行全断面开挖尝试，从此隧道掘进进度快了，质量好了，洞子也越开越大了……这众多的第一标志着中国铁路建设进入现代化，中国铁路的建设开始赶超世界水平。

从来没有一条铁路几十年来让人们一直关注，也从来没有一条铁路让人们不断探寻。成昆铁路的今与昔，都是一座宝藏，只要你想去探究、挖掘，总会给你新的、不一样的收获。

红色工业

第 2 章
CHAPTER TWO

让毛主席睡个好觉

成昆铁路在国家经济、国际环境极为严峻的情况下开始修建，三上三下；铁路工人和铁道兵临危受命，不畏艰险、勇往直前。党中央、毛主席的决心和鞭策，是修路者们不竭的动力，也是成昆铁路得以建成的坚固基石。成昆铁路通车了，毛主席心心念念的事也终于落成了。

从 1970 年 7 月 1 日通车到现在的 50 多年间，成昆铁路一直是西南地区的主要铁路干线。尽管它当时的建设几经曲折，三上三下，但党中央、毛主席修建成昆铁路的决心始终没变。

1952 年 6 月 13 日，铁道兵在抗美援朝战场上浴血奋战期间，国内的铁路工人建成了中华人民共和国成立以来的第一条铁路——四川省境内的成渝铁路，这是中华人民共和国自主修建的第一条铁路。为了进一步解决西南地区的交通问题，以提升国家的经济发展速度，毛主席提出必须修建一条贯穿西南地区的铁路大动脉，这就是从成都到昆明的成昆铁路。

在毛主席看来，成昆铁路必须修建有以下原因：首先，修建铁路能帮助当地的少数民族改善原始又危险的出行方式；其次，修建铁路能够把西南山区大量的森林资源、水利资源和矿产资源运出来，用于国家的经济建设；再次，铁路能改变西南地区信息闭塞的状况，使政令通达；最后，修建成昆铁路的战略意义非常重要，它可以向北与宝成铁路相接，向南与南亚地区的铁路相连。

受到国家经济困难和三年自然灾害的影响，成昆铁路的修建三上三下。

1964 年，中苏关系紧张，美国也在我国北部湾狂妄地挑衅。

党中央决定进行"三线建设",这是我国经济史上的一次大规模的工业迁移。

三线地区是相对于一线和二线地区而言的,从广义上讲,三线指长城以南、广东省韶关以北、京广铁路以西、甘肃乌鞘岭以东的四川(含重庆)、贵州、云南、陕西、甘肃、宁夏、青海7个省(自治区)及山西、河北、河南、湖南、湖北、广西等省区的腹地,涉及13个省(自治区)的全部和部分地区。"三线建设"指中华人民共和国政府在三线地区进行的一场以战备为指导思想的大规模国防、科技、工业和交通等基本建设。

1964年5月,刘少奇同志在中央工作会议上第一次传达了毛主席关于"三线建设"的意见:"三线要着手搞。西南要快搞。钢、煤、铁路都要搞,搞晚了对我们不利。酒泉可以慢一点、小一点,以攀枝花为重点,下决心把攀枝花搞起来。第三个五年计划要上,第四个五年计划建成。酒泉、张白铁路可以放在第二位。如果火车不通,下次会议到成都去开,然后骑毛驴到西昌去。"

同时,在1964年5月国家计委(国家计划委员会,今国家发展和改革委员会)领导小组向毛主席汇报工作时,毛主席提出:"第三个五年计划设想中,根本没有考虑攀枝花、酒泉的建设。攀枝花、酒泉建设不起来,我总是不放心,睡不着觉。"

1964年8月17日,北戴河中央书记处会议上传达了毛主席的指示:"成昆路要快,多头开工,50个点不够,60个点,再不够,开100个点。总而言之，成昆路要快修，没有铁轨，拆其他铁路的。川黔、滇黔路也要快修。一定要保证这三条路，投资材料要多想办法。"

1964年8月20日，国务院副总理薄一波向毛主席汇报工作，提到了西南铁路建设，毛主席说："中央工作会议开过很久，成昆路仍然没有落实，有点不着急的样子。湘黔、川黔、滇黔三条路搞了十几年了，还没有影子。成昆路要两头修，滇黔路也可以两头开工，还可以更多的点开工。我看津浦路修复线也是一段一段的。如果钢轨不够，别的路轨可以拆掉，内昆路可以拆，浙江宁波段也可以拆，山东的兰烟也可以拆。"

前前后后十几次，毛主席都提到了成昆铁路，中心意思只有一个：成昆铁路要快修。

那时，铁道兵部队流传着一句话：毛主席说，成昆铁路修不好，我睡不着觉。从上述的几次讲话中也可以看出，成昆铁路的修建和修建速度的确是毛主席

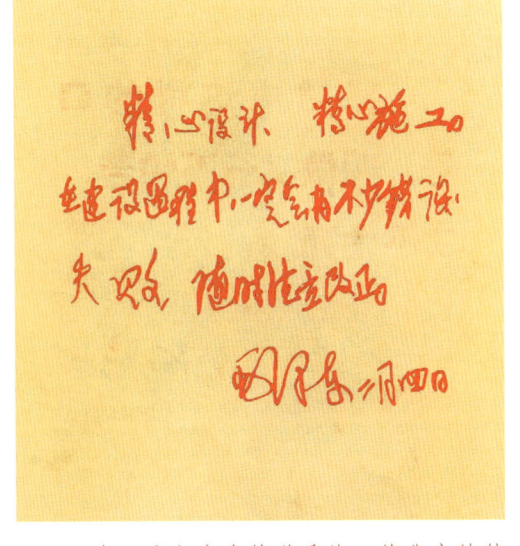

△ 1965年，毛主席为铁道兵施工的北京地铁一号线建设题词，成为成昆铁路建设的座右铭

第2章 让毛主席睡个好觉　019

心心念念的事。

其实，在内地建立一条工业线是毛主席早就考虑过的事。中华人民共和国成立前，70%的工业分布在沿海地区。这是由于历史和地理条件造成的。中华人民共和国成立后，从当时的国际环境和形势考虑，需要加强内地建设。1956年，毛主席在《论十大关系》中指出："新的工业大部分应当摆在内地，使工业布局逐步平衡，并且有利于备战。"同时要求"好好地利用和发展沿海的工业老底子，可以使我们更有力量来发展和支持内地工业"。

1964年，国际形势和我国周边情况发生的变化，更加坚定了毛主席加快发展内地工业体系的决心。

1964年夏，中央和毛主席果断决策："注意国际形势的发展，准备打仗。在长远规划中首先要搞好战略布局，加强三线地区建设。"

加强"三线建设"，铁路必须先行。于是，成昆铁路的建设再次提上日程，并拉开了大会战的序幕。

成昆铁路会战是西南

△ 1964年秋，成昆建设摆开战场。大会战在炮声中拉开序幕

铁路会战中的重中之重。从1964年第四季度到1970年年底交付运营，会战历时6年零3个月，大致经历了3个阶段。第一阶段，从1964年第4季度到1966年年底，为施工进展顺利阶段；第二阶段，从1967年年初到1969年第三季度，为施工受到严重干扰破坏阶段；第三阶段，从1969年第四季度到1970年年底，为突击抢建阶段。

第一阶段的1964年第四季度，参加会战的铁道兵第一师、第八师、第十师，铁道部第二工程局及第四工程局的一部分，分别进入既定施工管区，边安家边准备，多方抓紧工作，积极创造条件，保证了重点地段于1964年10月相继开工。1965年第四季度，

△ 铁道兵部队向成昆铁路建设工地进发

铁道兵第五师、第七师也逐步由贵昆铁路调往成昆铁路各自管区，并很快开工，施工逐步进入了高潮。在这场会战中，铁道兵除第二师参加援越抗美战争，第三师、第六师、第九师建设东北嫩（江）林（林区古莲）铁路、第四师修建（北）京原（山西原平）铁路外，铁道兵的兵力全部投入西南铁路，特别是成昆铁路的建设中。

按照这一阶段的任务划分，铁道兵共承担了成昆铁路667千米的建设任务，铁路工人承担了416千米的建设任务。铁道兵加上铁路工人、当地民工、内地支援的学兵和民兵等，到1966年年底，施工总人数超过35.97万人。来自四面八方的建设大军，以磅礴的气势掀起了轰轰烈烈的施工高潮，采取集中力量打歼灭战的方针，进行了声势浩大的成昆铁路建设会战。

那时，战士们写日记、记日期的方式很奇怪，不是星期一到星期日的往复，而是标记为星期八、星期九……星期十七、星期十八……那是因为，战士们放弃了星期日和其他节假日，如果哪天连队放了半天假，战士们洗洗衣服，得到了短暂的休息，日记才会再一次从星期一记起。

经过筑路军民的奋力拼搏，成昆铁路北段于1965年铺轨到沙湾，1966年铺轨到甘洛；南段于1966年4月20日从昆明西站开始铺轨，年底铺到广通。

正当铁路建设快速推进的时候，国内开始了"文化大革命"。

1967年年初到1969年第三季度的第二阶段，负责指挥会战的西南铁路建设工地指挥部难以实施统一组织指挥，几近瘫痪；北段铁路工人担负的工程基本上处于停工状态；南段铁道兵部队管区相对稳定，但因为领导干部不敢大胆抓工程，交通运输时断时续，材料、电力供应又很不足，加之抽调人员担负"三支"（支工、支农、支左）、"两军"（军管、军训）任务，一线施工人员大量减少，所以施工进度受到很大影响。那时候，铁道兵全体被动员跑材料、搜库存，但建筑材料根本达不到施工需要，全线的建设进程几乎停滞。

1969年5月12日，周恩来总理主持召开会议研究三线建设问题。会议决定：西南铁路建设由铁道兵统一组织指挥。铁道兵西南指挥部于1969年6月25日成立。同年第四季度，党中央发出了成昆铁路务必于1970年7月1日通车的号令。之后，铁路建设进入第三阶段，在铁道兵、铁道部的统一组织指挥和协调下，成昆铁路建设进入突击抢建阶段。北段已恢复生产，在铁道兵的支援下施工进度大大加快，甚至完成援越抗美回国的铁道兵第二师还未休整，就投入了成昆线北段的建设。

成昆铁路从南、北两端向中间铺轨。南段于1963年国庆节前夕铺轨到渡口地区的三堆子站后，兵分两路，继续前进：一路向西铺渡口支线，于1963年年底铺到了攀枝花钢铁基地的弄弄坪站，接着于1970年6月28日铺到了终点站格里坪；另一路接续在成

△ 铁道兵第五师、第八师担负施工的渡口支线是成昆线的重要组成部分，全长42千米，于1967年11月开工，1970年6月底建成，火车通到攀枝花钢铁基地

昆干线并向北挺进，于1970年5月27日铺到了礼州站。1970年6月底，南、北段两支铺架队伍在礼州会师，至此，成昆铁路全线铺通。

1970年7月1日，成昆铁路通车典礼在西昌举行。广场上彩旗飞扬，参加典礼的军民站满了山坡，列车鸣响汽笛，热烈的欢呼声一浪高过一浪。在成昆铁路通车的这一天，铁道兵参与选点

△ 右为1970年四川省、云南省送给铁道兵成昆铁路开通的贺礼

建设的攀枝花炼出了第一炉钢，西昌卫星发射基地组建完成。

50多年过去了，今天，成昆铁路仍是我国西南地区的交通大动脉，当年建设的工厂、矿山至今仍是国家主要的工业力量。

若伟人有知，当欣慰矣！

红色工業

第 3 章
CHAPTER THREE

周总理的批示

在解放战争的战场上、在抗美援朝战争的战场上、在中华人民共和国成立初期的经济建设中，只要有修建铁路的需求，就有铁道兵的身影。枪林弹雨也好、严寒酷暑也罢，只要国家需要，铁道兵就奋不顾身冲锋在前！而周总理对铁道兵的关心和关注，始终是这支队伍克服艰难险阻、忠于党和国家、保质保量完成任务的动力源泉。

成昆铁路是我国20世纪60年代在西南艰险山区修建的一条铁路，国外专家曾预言这条铁路没有办法修，即便是修了也只会是一堆废铁。但攀枝花铁矿的发现，使党中央坚定了修建成昆铁路的决心。

1964年，党中央决定重新上马成昆铁路的建设。同年7月2日，周恩来总理在一个关于成昆铁路建设问题的报告上批示：修成昆路，主席同意。朱委员长提议，使用铁道兵。

铁道兵是一支什么样的队伍？为何能得到朱委员长和周总理的信赖？

铁道兵诞生在东北战场。

1946年6月，抗日战争结束，人民军队接管了东北地区。为了保护东北解放区5000千米铁路线的运输安全，同时协助人民政府接管铁路，东北军区正式成立了东北民主联军

△ 1964年7月2日，国务院总理周恩来在中央军委罗瑞卿报告上的批示

铁道司令部，同年12月改称东北民主联军护路军司令部，1947年1月又改称东北人民解放军护路军。

辽沈战役打响前，也就是1948年7月5日，为适应战争的需要，东北人民解放军在护路军的基础上秘密成立了东北人民解放军铁道纵队（对外称铁路修复工程局）。同年9月12日，辽沈战役爆发，11月2日结束。铁道纵队在这52天里不仅成功抢修通往长春、沈阳、锦州的铁路线，保证了战争所需的兵力、粮弹按时供送前线，还修复了东北地区几座主要城市之间的铁路，将铁路线延伸到了山海关内，给东北80多万名野战军战士顺利入关开通了一条钢铁大道，也为东北解放区的经济恢复和发展生产提供了有利条件。所以，东北军区的副政治委员陈云称铁道纵队"为东北人民修通了一条胜利之路"。

1948年11月6日和29日，淮海战役、平津战役打响；1949年，中国人民解放军解放了大西北、大西南，打到了海南岛，解放了全国。

在大规模的解放战争中，为保障大兵团作战的部队调动、粮弹补给和重型装备的运送，为满足解放区经济恢复和发展生产的需要，铁道纵队喊着"野战军打到哪里，铁路就修到哪里"的口号，日夜不停、排除万难、肃匪杀敌、抢修铁路，以最快的速度抢修了北（京）（辽）宁铁路、（天）津（南京）浦（口）铁路、沪（上海）宁（南京）铁路、（北）平汉（口）铁路、粤（广东）

△ 解放战争中，铁道兵前方打到哪里，铁路就修到哪里

汉（口）铁路、陇海铁路等。

在解放战争的铁路抢修中，为满足全国大规模战争中铁路抢修的需要，1949年5月，中央军委决定将铁道纵队改编为铁道兵团，由军委铁道部统一指挥铁路的抢修和运输工作。

中华人民共和国成立后，铁道兵团由战时铁路抢修迅速转变角色，承担起了全国铁路复旧工程。1950年年初，从东北地区到西北地区，从山海关到海南岛，铁道兵团以最快的速度完成了全国铁路的复旧，从此，铁路在人民政府手中成了中华人民共和国发展国民经济的重要工具。

在1950年1月24日召开的全国铁路工程计划联席会上，朱德总司令表扬了铁道兵团：1949年我们抢修铁路的成绩很大，把全国已有的铁路修通了。我们的敌人估计我们非十年八年不能修通，我们一年就把它修起来了……铁道兵团的指战员修铁路像战斗一样，积极、勇敢、拼命地干，以顽强战斗的精神完成了任务，对解放战争与经济建设事业的贡献很大！

随着朝鲜战争的爆发，铁道兵团于1950年11月再次奔赴战场。志愿军铁道兵团运用解放战争时期的铁路抢修经验，在志愿军发起的第一次、第二次战役结束时，把铁路抢修到了三八线附近。

1951年1月22日，在志愿军第一次后勤会议上，周恩来总理要求铁道兵团的战士们要建一条"打不烂、炸不断的钢铁运输线"。在朝鲜战争的3年中，敌人出动飞机58967架次，向志愿军铁道兵团已修通铁路线投掷炸弹19万枚，重约9.5万吨，相当于第二次世界大战期间德国投向英国本土炸弹总量的1.5倍！而志愿军铁道兵团在缺少大炮、飞机保护的情况下抢修、抢运，与敌人争夺铁路线，最终使朝鲜的铁路线由志愿军入朝时的107千米延伸到了1391千米，还新建铁路212.86千米……

战士们在枪林弹雨中跳进-30℃的冰河抢修桥梁，在敌机追击中完成侦察和抢修任务，在子母弹炸断双腿的情况下爬行300米点燃警告响墩，在钢轨出现意外时用螺丝扳子连接钢轨以身体顶住扳子放行18列军列……就这样，铁道兵团的战士们在敌人的轰炸中，在严寒冰冻中，向前线运输兵员和物资38.5万车皮（800

△ 铁道兵在抗美援朝战争中、在美机轰炸中建立了"打不烂、炸不断的钢铁运输线"

多万吨），出色地完成了抢修、抢运任务，用生命和鲜血筑就了"打不烂、炸不断的钢铁运输线"！

1953年9月，中央军委决定成立中国人民解放军铁道兵，铁道兵团的4个师、1个独立团和朝鲜战场上的新建铁路局6个师合并为铁道兵10个师，并从1955年5月30日开始，全部投身国家的铁路建设。

1949年，毛主席为这支英雄的队伍题字"铁军"；1952年，朱德总司令为这支队伍题写了"人民铁军"；

△ 中国人民解放军总司令朱德题写"人民铁军"

第3章 周总理的批示 033

1953年12月毛主席又题写了"铁道兵"。

抗美援朝战争结束后，西方国家对中国实施封锁禁运，策动国民党反攻大陆。为打破西方国家的海上封锁，巩固东南海防，发展沿海经济，中央领导决定迅速抢建黎（塘）湛（江）铁路和鹰（潭）厦（门）铁路。周恩来总理接见了铁道兵司令员王震，并说道："这是一个战略性的任务，中央决定交铁道兵去完成。"1954年9月25日到1955年7月1日，1955年2月21日到

△ 铁道兵在社会主义建设时期建设了52条钢铁动脉，被祖国和人民誉为"铁道建设的突击队"

1956年12月9日，黎湛铁路和鹰厦铁路先后建成通车，由于铁路建设速度快、质量好，铁道兵被祖国和人民誉为"铁道建设的突击队"。

大兴安岭冬季时间长、气温低，年冰冻期长达7个月以上，最低气温达到-57℃。日本侵占东北地区时，一直觊觎大兴安岭的资源，4次想修建森林铁路都被严寒逼退。中华人民共和国成立初期，铁路部门想修建森林铁路的计划也因严寒3次未成。1962年，为解决经济发展中急需木材的问题，国家再次决定进行大兴安岭开发。同年11月11日，周恩来总理在中南海西花厅召开会议，研究为修建森林铁路和公路扩编铁道兵的问题。参加会议的有副总理谭震林、总参谋部副总参谋长张爱萍、农垦部部长王震、铁道部代部长吕正操、铁道兵司令员李寿轩和铁道兵副司令员郭维成。在这次会议上，周恩来总理详细阐述了铁道兵的性质和任务，并要求部队："确立工程部队的思想，进一步发挥铁道兵在国家经济建设、国防工程建设中的作用。"1963年3月，在周恩来总理的支持下，铁道兵由10万人扩编到21.8万人，嫩（江）林（加格达奇）铁路重点工程于1964年8月17日开工。1967年6月28日，嫩林铁路通车，铁道兵不仅打破了严寒林区不能修建铁路的魔咒，还把这条铁路延伸至古莲、十八站，为开发大兴安岭林区开通了道路，更为边防建设做出了巨大贡献。

1964年，"三线建设"开始。这是中华人民共和国成立以来第一次工业体系从沿海到内陆的大转移。"三线建设"，交通先行。贵昆铁路、川黔铁路、成昆铁路是西南地区重要的铁路交通线，它们能否按时建成决定着我国后方工业、军工体系能否及时建立。于是，西南铁路会战于这一年的秋季开始了。

铁道兵已于1958年开始修建贵（州）昆（明）铁路，会战开始时，贵昆铁路建设已进入尾声。于是，铁道兵成为修建成昆铁路的主力军。正如时任铁道部副部长吕正操所说："（西南铁路的修建）是我国铁路建设有史以来最大、最艰巨的任务。在这样短的时间内完成这么大的铁路修建任务，一定要有一支统一指挥的、战斗力强的、有组织有纪律的施工队伍。"

铁道兵第一师、第五师、第七师、第八师、第十师进入指定地点参加成昆铁路大会战。周总理同意铁道兵扩编到37.2万人。

1966年2月16日，周总理接见了铁道兵党委常委。在接见中他说："铁道兵战士年轻，有解放军的传统，施工力量强，比学赶帮超精神好，在西南三线指挥部统一领导下，修路成绩成倍地增长。凡是到过西南的，如邓小平、李富春、薄一波、余秋里、谷牧等同志，都有这样的感觉，认为铁道兵那样的力量起了带头的作用，成绩突破了过去的纪录。"

在这次接见中，周总理还领着大家唱起了铁道兵的兵歌《铁道兵志在四方》，他说："要按你们的兵歌去做。"1966年年底，铁道兵在汇报演出时，周总理还为这首歌的歌词改了一个字，把原来"锦绣山河铺上铁路网"改成了"锦绣山河织上铁路网"。这是对铁道兵战士在祖国最艰难、最危险、最偏远地区修建铁路，为祖国山河织就铁路网的最大奖励。

然而，1966—1969年，成昆铁路建设受到"文化大革命"影响，工程进度缓慢，尤其是北段建设几乎停滞。

为了稳定局面，完成成昆铁路的修建，1969年1月，国家计委、国家建委（今国家基本建设委员会）根据周总理的指示，指定铁道兵负责施工的西南地区铁路，包括成昆铁路（礼州以南）、渝达铁路、襄成铁路和渡口支线，连同京原线、嫩林线等，各线的计划、投资在国家单立户头。此后，周总理还于1969年5月12日主持召开了有国务院、中央军委、中共西南局、铁道部、铁道兵负责人参加的会议，进一步研究了"三线建设"问题。周总理指示："三线的任务很

△ 铁道兵战士志在四方，开进成昆铁路建设工地开山筑路

第3章　周总理的批示　037

繁重，很紧急，三线任务就是具体贯彻主席'备战、备荒、为人民'的战略方针，因此，要尽量提前。三线有好多工作要做，铁路是关键，是先行，铁路修不通，别的都上不去，铁路一通就百通。这个任务是铁打的。别的任务完不成，三线任务非完成不可，别的任务能动，这里不能动，这叫作最大的政治任务。"经研究讨论，会议决定：以四川省为主，云南省、贵州省及中央有关部门参加，成立"三线建设"委员会，撤销原西南铁路建设工地指挥部机关，西南铁路建设由铁道兵统一组织指挥。

1969年6月15日，总参谋部根据中央军委办事组3月11日《关于同意铁道兵在成都设立一个精干的指挥机构》的批复，电令铁道兵在成都设立西南指挥部，统一指挥成昆铁路的建设。

为此，在周总理的力挽狂澜和统筹安排下，铁道兵没有辜负总理的期望，在铁道部的支持与协调下，加强了对成昆铁路建设工作的管理，工程建设再次掀起高潮，军民共同努力，抢回时间，保证了1970年7月1日成昆铁路按时通车。

继成昆铁路建成后，铁道兵相继建设了襄（樊）渝（重庆）、嫩（江）林（海）、青藏一期、南疆一期、（北）京原（平）等52条铁路干支线，而周总理对铁道兵的关心和关注，始终是这支队伍克服艰难险阻、忠于党和国家、保质保量完成任务的动力源泉。

1978年，叶剑英元帅为铁道兵成立30周年题词："逢山凿路、遇水架桥，铁道兵前无险阻；风餐露宿、栉风沐雨，铁道兵前无困难。坚持这一革命精神，为建设社会主义现代化强国而努力奋斗！"

铁道兵就是以"前无险阻""前无困难"的责任与担当，完成了党和人民交付的每一项艰巨而光荣的任务，永不言败。

红色工业

第 4 章
CHAPTER FOUR

被判"死刑"的成昆铁路

"这里根本走不通,是修路禁区!"

"铁路就是修成了,狂暴的大自然也必然使它变成一堆废铁"。

苏联铁路专家给成昆铁路判了"死刑",但成昆铁路的建设者硬是以12年不屈不挠的艰苦奋斗证明了自己的实力,证明了中国的实力!

横断山，路难行……

听着这熟悉的《长征组歌》，你一定会想到红军长征"强渡大渡河""抢渡金沙江"的故事。那江河两岸悬崖耸立、山高谷深、川大流急、地势险峻的画面似乎就在眼前。

横断山位于攀西大裂谷西侧。

如果我们飞到空中俯瞰西南地势，可以看到横断山脉的邛崃山、大雪山、沙鲁里山，这些海拔超过3500米、5000米的高山像一级高过一级的台阶，以南北走向排列着；山脉之间的大河谷，奔腾着大渡河、雅砻江、金沙江、澜沧江、怒江，形成高差显著的平行岭谷地貌。成都位于台阶东面比较平缓的四川盆地，海拔约500米；昆明则位于成都南面的云贵高原，海拔约1900米。这样的地势，如果想在两城之间修一条铁路线，一般会绕到东面平缓地带选线，或干脆让线路取直，绝不会向西绕一个英文字母C形的弯，特意穿过极险峻的横断山岭谷。但我们今天看到的成昆铁路，恰恰选的就是这样一条线路。

1952年，铁路部门调动了5000多名地质勘查人员，共完成了1.48万平方千米的地质测绘。之后，西南铁路设计分局派出了一支小分队，从宜宾出发，沿着金沙江而上，开始了踏勘成昆铁路

△ 勘测线路

的艰难征途。小分队最后在成都至昆明长1000多千米、宽200多千米的范围内,给出了成昆铁路三条选线方案:东线从成渝线内江站起,经自贡、宜宾、盐津、彝良、威宁、宣威、曲靖到昆明,全长889千米;中线从内江起,经宜宾、屏山、绥江、巧家、东川、嵩明到昆明,全长780千米(今内昆铁路);西线从成都起,经眉山、乐山、峨边、甘洛、喜德、西昌、德昌、会理、广通到昆明,全长1167千米。

1953年3月,苏联铁路专家来到位于重庆市的西南铁路设计院,听取方案汇报。听完汇报,苏联专家毫不犹豫地选择了中线方案:中线线路里程最短,工程量小、好建设,投资少,见效快,又途经水城煤矿,接近当时即将开发的云南省东川铜矿,没有不选的道理。而西线里程最长,地质复杂且地势险峻,人烟稀少、物产匮乏,根本没有考虑的必要。

但苏联专家并不了解勘测专家提出西线方案的特殊情结。

设计院勘察小分队进入八百里凉山时,这里的民主改革刚刚起步,奴隶主叛乱时有发生,平叛斗争异常激烈。加上凉山地区深处攀西大裂谷,高山深谷,交通闭塞,当地百姓出门就爬山,抬脚就过河。爬山攀着绝壁走,过江必须用溜索,简直就像进了一片令人发怵的蛮荒野域。

勘测队员深深记得那个唱着歌谣的老人:"四条腿的猪喂不起一头,两只脚的鸡养不起一只。饭当盐巴添,盐当金子看。能给我温暖的是太阳,太阳离我们又太远……"

如果能有一条铁路线从那里过,那里百姓的日子应该会很快好起来。同时,受印度板块和亚欧板块的挤压,虽然造就了攀西大裂谷险峻的地貌,但也造就了特殊的地质,这一地带有极具开发价值的煤、铁、铜、铝、锌、石棉、磷、岩盐等金属、非金属矿产,开发前景巨大。

尽管勘测队说明了想选西线的理由,但苏联专家还是坚决反对,理由如下。

地质上,西线地区有一半位于烈度为 7~9 度的地震区;

△ 成昆铁路地势

第 4 章 被判"死刑"的成昆铁路

沿线有沉积岩、岩浆岩、变质岩，因受强烈构造作用大多比较破碎；沿线地下水充沛，有的断层隙水的涌水量每昼夜达 2 万吨；有高浓度、具有强侵蚀性的硫酸盐；因气候变化造成的岩石严重风化等。滑坡、危岩落石、崩塌、岩堆、泥石流、山体错落、岩溶、岩爆、有害气体、软土、粉砂等几乎布满全线，这里根本就是一座"地质博物馆"，在这种地质上建路基，无异于在沙地上建高楼。

地理上，西线全长 1100 多千米，有 700 多千米位于高山深谷中，要穿越与东非大裂谷地质构造并列的攀西大裂谷；要跨越大渡河、金沙江等险恶河流；途经沿河两岸高达几百米的悬崖峭壁；沿线较大的滑坡 183 处、危岩落石近 500 处、泥石流沟 249 条、崩塌 100 多处、岩堆 200 多处……毫无疑问，这样的地方根本就不能修铁路，这样的地方即使修成了铁路，将来的线路也必定会频繁地遭遇各类自然灾害。

因此，苏联专家给西线判了"死刑"："这里根本走不通，是修路禁区！""铁路就是修成了，狂暴的大自然也必然使它变成一堆废铁。"

1954 年，铁道部经研究同意了专家的意见，确定了中线方案。西南设计分局按照苏联铁路技术标准初步设计出《成昆铁路中线方案》送至北京鉴定。同年 6 月，南京大学地质系教授徐克勤带着学生到川滇交界处开始找矿实习。就在这次教学实践活动中，他们发现了攀枝花不仅有铁矿,还有钒、钛……攀枝花简直是座巨型的宝藏！师生们在兴奋中初步探明了各种矿藏的储量和综合利用价值。

这一发现引起了全国轰动。成昆铁路的设计人员再也抑制不住自己内心的激动,因为攀枝花正好就位于他们想要选择的西线上。趁此机会,他们再次提出了采用西线的建议。

如果成昆铁路选定西线方案,辐射范围将达到 13.6 万平方千米,包括四川、云南的 7 个地、市和所属 50 个县、市,其中多是少数民族地区,政治意义很大；沿途的川西平原、西昌地区和元谋至昆明沿线,盛产粮食和经济作物,急需运输通道与内地联系；攀西裂谷地带矿藏丰富,有重要的经济价值；从中国路网布局看,西线更具战略意义。因为那时成都以西没有铁路,将要修建的成昆铁路就是中国铁路网中最西边缘线,成昆铁路越往西,整个铁路网向西的覆盖面就越大,其意义不言而喻。

但这时,中线的勘测已经基本完成,是放弃还是继续？这个难题就放到了周恩来总理的办公桌上。

1955 年,周总理召集各有关部门和单位反复研究后,认为苏联专家的方案与修建龚嘴、铜街子水电站及攀枝花钢铁基地的规划有冲突,不能使铁路发挥最大的价值,故予以否定。最终,周总理拍板,确定西线方案。

一波三折,成昆铁路线路走向终于确定下来。设计院的专家和技术工作者兴奋不已。

　　1956—1957 年，设计院组织人员重新勘测西线途经地区，勘测人员徒步 11000 多千米，地质测绘了 15000 平方千米，地质钻探总计 22.5 万米，对西线经过的地质、地形情况进行了更细致的勘探、测量和研究，针对施工中可能出现的问题确定了各种方案，重新编定了设计意见书。

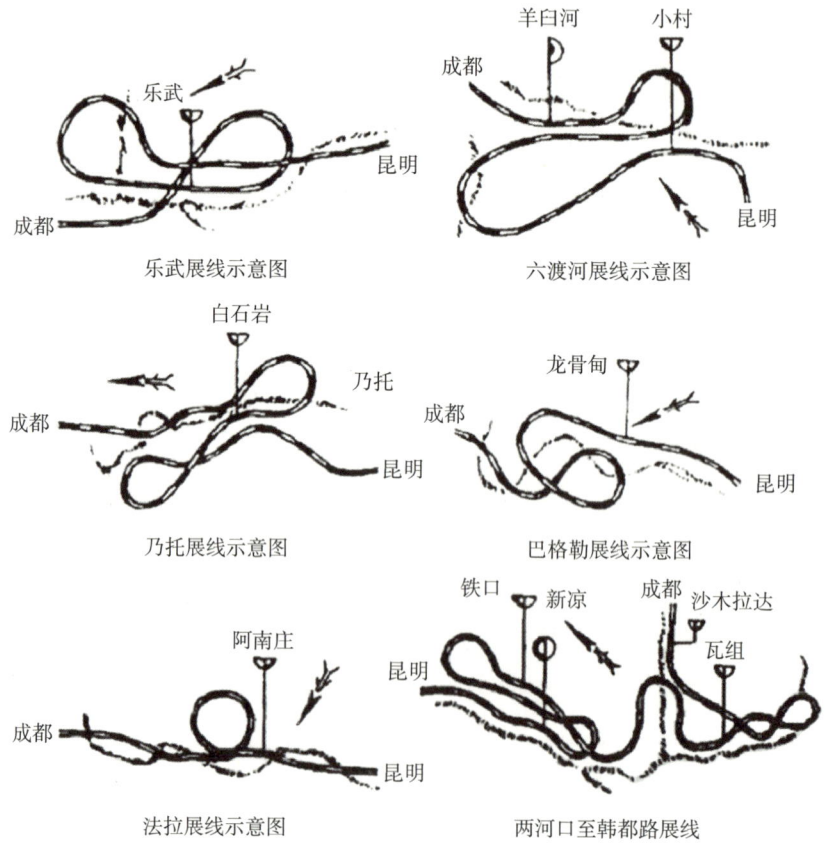

乐武展线示意图

六渡河展线示意图

乃托展线示意图

巴格勒展线示意图

法拉展线示意图

两河口至韩都路展线

△ 成昆铁路展线示意图

△ 成昆铁路穿越崇山峻岭

经审查，成昆铁路线路终于确定，未来的铁路将北起川西平原成都，跨过岷江、青衣江，经峨眉，沿大渡河、横贯大小凉山，10跨牛日河、抵达西昌，8跨安宁河、过金沙江，30多次迂回穿越龙川江峡谷，穿过横断山脉，南至滇池湖滨到昆明。

设计方案尘埃落定，但这条铁路会不会像苏联专家预言的那样修不成，或修成了也会变为废铁呢？

从1958年开工到1970年成昆铁路全线建成，建设者以12年不屈不挠的艰苦奋斗回答了这个问题。

第4章 被判"死刑"的成昆铁路

红色
工业

第 5 章
CHAPTER FIVE

洞子通了，通车就有了保证

见过盘山公路的人应该多如牛毛,但见过盘山铁路的人恐怕寥寥无几。在成昆铁路,你可以一睹车尾在山脚或山腰、车头在山头,首尾相顾的「楼上楼」奇观。然而,「奇」与「险」是分不开的,修建成昆铁路,修路者克服了太多大自然给人类出的难题……

对于盘山公路人们已是司空见惯，对于盘山铁路，见过的人却寥寥无几。如果要一睹盘山铁路的真容，恐怕只有去成昆铁路了。

成昆铁路源起四川盆地，经横断山脉至云贵高原，沿中国地形第一阶梯和第二阶梯边缘铺设，火车行进时顺着线路爬上去。有些地段为了爬坡，火车进入隧道后，要在大山腹中向上绕圈，再钻出隧道，由此形成了车尾在山脚或山腰、车头在山头，首尾

△ 成昆铁路"楼上楼"奇观

可相顾的"楼上楼"奇观。

"奇"与"险"是孪生的。成昆铁路的隧道几乎都要穿越地质条件极不稳定的板块活动冲突带，所以，无论是"楼上楼"的隧道，还是一个洞连着一个洞的串糖葫芦式的隧道群，甚至是一条普通隧道，施工都非常困难。成昆铁路全线隧道穿越的地层种类繁多，基本上可归为以下三类。

第一类为松散岩类。此类岩层具有结构松散、颗粒不均、富含地下水等特点，稳定性较差。打隧道遇到这样的地层，就意味着开凿过程中遭遇塌方的概率很高。

第二类为软弱岩石类。此类岩层的特点是岩性较软弱、易风化、力学强度较低，一般很少含水，但在断裂破碎带常含有大量的裂隙水。所以，软弱岩和大涌水堪称隧道施工的大敌。

第三类为坚硬岩石类。这类岩层一般性脆而硬，不易风化，有较高的强度。但在强烈挤压的断层带中，其性质与松散岩类无异。

更困难的是，成昆铁路所经过的地区，从北到南遍布着众多大断裂，如峨眉－金阳大断裂、汉源－甘洛－昭觉大断裂、石棉－普雄大断裂、安宁河－罗茨－易门大断裂、元谋－绿汁江大断裂及普渡河大断裂等。这些断裂历经地球的多次构造变动，早已形成了宽数十米至数百米的断层破碎带，伸延长度数十千米，甚至数百千米。断层带两侧的次级构造也很复杂，褶皱、断裂发育，岩层较破碎。这些规模巨大、挤压剧烈、活动频繁的大断裂对隧道施工是致命的。

这些都是成昆铁路的隧道工程施工异常艰难且牺牲巨大的重要因素。

成昆铁路线上的隧道有427条，总延长341千米，占线路总长度的31.5%。其中，1千米以上的隧道121条、3千米以上的隧道9条、4千米以上的隧道4条，隧道排布很密集，平均每2.5千米就有一条。且在部分路段比例更高，如金口河－乌斯河间穿过大渡河峡谷地带，线路长约26千米，有隧道13条，为该段线路总长的80%；赵坪至金口河段、波洛至乃托段、一支山至花滩段、选资至渔洞段、中坝至巴格勒段、白虎山至朱家营段等，隧道延长所占各段线路长度均超过了2/3。

迎难而上是中国筑路人的唯一选择。

成昆铁路全线隧道占比高，指挥会战的工地指挥部决定采用先进的机械装备和先进的施工方法，改善施工管理条件，减少牺牲，提高成昆铁路隧道施工的整体水平，将隧道投资控制在总投资额的49%。

在周总理的关心和支持下，工地上引进了当时世界上最先进的隧道施工设备，包括开凿、衬砌、运碴3个系列，加上国产的设备，到1966年年底，各种隧道施工机械有50多种、5136台，这还不包括风动工具及小型机械设备。这可以说是经历三年自然灾害后，国家能够给予的最大支持了。

但对于成昆铁路建设中庞大的隧道群来说，这些机具的覆盖面是十分有限的，大部分 1000 米以下，特别是 500 米左右的隧道只能靠人力开掘。

担任黑井隧道施工的铁道兵八师 36 团初到工地时，公路没有修通，各种机械就算拆了也运不进来。为了争时间、抢速度，战士们不等待、不依赖。没有机具，就用钢钎、铁锤和两台旧压风机，没有电就打着灯笼、拿着火把进洞施工。隧道打到中间，战

△ 战士们在超过 50℃的莲地隧道中施工

士们顶着50℃的高温作业；隧道开始打拱，战士们用手捧着混凝土往缝隙里塞。他们硬是以"愚公移山"的精神，因陋就简，一锤一锤地打通了近千米的隧道。

为了攻克隧道设计施工的难关，工地指挥部组织了16个隧道方面的新技术战斗组（攻关组），涉及重难点隧道和重难点施工环节。参加攻关组的有涉及路内外科研、设计、施工的专家及大专院校人员，攻关组的成立对加快施工进度、提高隧道修建水平起了一定的作用。

除科技攻关外，各工地还因地制宜地选用了多种施工方法。除沿用传统的开掘矿山的上下导坑法、漏斗棚架法外，还研发了蘑菇形开挖法、正台阶法、反台阶法。其中，全断面一次开挖法在成昆线上被首次采用。

由于当时国家技术力量薄弱，只靠技术人员攻关解决不了大面积隧道开挖中遇到的难题，因此，各隧道施工队伍自发掀起了技术和工法的科学攻关。

碧鸡关隧道是成昆铁路南端由昆明出站后遇

△ 战士们在上导坑开挖隧道

第5章　洞子通了，通车就有了保证

到的第一个重要隧道，全长2282.07米，是影响南端最先铺轨的关键工程，还是使用进口设备凿岩机进行隧道全断面开挖的试点工程。然而，隧道所在地段岩石破碎风化松散，地下裂隙水丰富，每昼夜流量达1600～3800吨。正所谓"大塌方偶尔有，小塌方三六九。"施工期间，碧鸡关隧道共发生塌方177次。

1965年1月，隧道再次大塌方。铁道兵一师师长李万华、师政委岳心广轮流蹲点，成立了工作组，工程师罗有志在现场指导，作训科不断总结、分析施工情况，制订施工方案，一场全师总动员的攻关战就这样打响了。

坏事变成了好事。在处理这次大塌方的过程中，全师齐心协力，不仅控制了塌方，抢出了进度，还总结出战胜塌方的施工经验。

他们总结出的"施工前，请技术人员讲课，明确施工方法；施工中，根据'防水防坍、加强支撑、稳中求快'原则，及时排水、严格控药、短开

△ 施工部队克服困难战胜隧道塌方

挖、强支撑、快衬砌；小塌清，大塌穿，先棚后清，由上而下，先护后穿，衬砌跟上，稳步前进，先衬砌两端，逐步挤向中间"等施工方法，成了防塌方、治塌方的良药。安全员总结的"六看"塌方预警法，有效避免了塌方引起的连锁损失。

△ 战士们蹚过冰河回营地

实战中，他们创造了小钢轨代替大圆木加强支撑、密集支撑施工法；创造了洞内爬坡道、棚子梁栈道运输混凝土等施工方法；研制了调车盘、无心道岔、钢枕轨节、活动法兰盘、鸭嘴形喷雾器等小型机具；总结出了《关于隧道施工的组织指挥》《电动装碴机的使用》《电动空压机的安装与使用经验》等10项针对性、操作性都很强的具体经验。

这些方法、经验和机具不仅在碧鸡关隧道施工中战胜了塌方，加快了施工进度，也对全线同类隧道的施工起到了指导作用。由于他们战胜大塌方后迅速创造了月百米成洞纪录，1965年4月24日，全国人大常委会委员长朱德视察西南铁路时专门到隧道看望了战士们。

成昆铁路堪称我国第一条机械化施工的铁路线，为此，周总理指示，要本着"一用、二批、三改、四创"的精神来使用进口设备。换句话说，让进口设备改变水土不服的状况，还要在此基础上研发出自己的新设备。无疑，这是一条中国铁路装备研发的正确道路。50年后，中国高铁无论是机车、四电工程、施工机具还是建筑制品都达到了世界先进水平，与我们始终坚持走这条路是分不开的。

1966年，成昆铁路建设指挥部发现施工中很多进口的机械受地形、地势的影响使用效率不高的问题，准备将科研方向放在进口设备的"三改、四创"上，以解决长隧道机械化快速施工和分散石方工程轻型机械化施工这两个关键问题，从而为我国铁路新线建设研制自己的成套机械化施工设备打基础。

成昆铁路的隧道密度很高且类型复杂，国内没有适合的隧道铺轨设备。1966年年底，"全国铺轨机战斗组"在沈阳成立。这个小组会聚了全国30名技术人员，针对成昆铁路隧道空间小、弯道多，常规铺轨机体积大、悬臂高的情况，准备研发新型铺轨机。

在当时不平静的国际社会环境下，在相关文献资料奇缺、交通条件极其不便的情况下，科研人员跑遍了全国图书馆，历时两年半，终于自主研制出了新的铺轨机。这款设备与传统悬臂向外铺轨的方式不同，它的悬臂短而低，能抓住轨道向隧道肚子内铺

△ 铁道兵部队采用新技术、新设备打隧道

设,不仅减小了铺轨机的体积,还提高了机器的稳定性。1969年,成都、昆明两地各拥有一台这样的新型铺轨机,开始对向铺轨。这项技术成果获得了1978年全国科学大会奖。

国家对成昆铁路隧道施工的速度要求是非常高的。因此,大会战中除了加大机械化程度、加强科研攻关,还注重调动施工人员的积极性。三管齐下,提高了施工效率。

1964年会战伊始,全线开展了"月成洞百米"竞赛活动。会战中期,全线又开展了"双百(月成洞百米、每米百工)、双保

（保质量、保安全）、两不超（材料、风电不超耗）"竞赛活动。截至 1966 年年底，全线共有 445 个口次月成洞百米以上，其中 36 个口次达 150 米，19 个口次达 200 米，14 个口次达 300 米；共有 239 个口次达到了"双百、双保、两不超"。

从 1965 年铁道兵的工作总结中可以感受到当年竞赛的热度：

> 隧道施工不断创造新纪录。年初曾设想到年底创造月成洞 150 米的纪录，结果超过预期。五师 4 月首创单口月成洞 202 米的纪录；七师 9 月首创单口月成洞 302 米纪录；十师 11 月以 29 天又创单口月成洞 305 米的纪录，并做到了安全好、秩序好、防尘好；12 月五师又创双口月成洞 630 米，其中出口成洞 408 米的国内最高纪录；八师创双口月成洞 524 米，其中进口 311 米的优异成绩，并创造了人工开挖月成洞 160 米纪录。在创造纪录的同时，平均进度稳步上升。西南 5 个师总平均从 5 月的 29.40 米，上升到 6 月的 34.80 米、7 月的 44.75 米、8 月的 55.78 米、9 月的 58.00 米、10 月的 56.70 米、11 月的 61.70 米。

施工进度就这样不断突破、突破、再突破，到 1966 年年底，全线待打隧道仅剩 160 千米。

总长 344.7 千米的隧道，铁道兵打了 193 千米，加上渡口支线的 11.4 千米，共打了 204.4 千米。

△ 成昆铁路穿过崇山峻岭

1967年8月，中央军委副主席叶剑英在"三线建设"座谈会上说：铁道兵主要是打洞子。打洞子任务很艰巨，越往后越艰巨。洞子通了,（成昆铁路）通车就有了保证。

铁道兵在成昆铁路建设中牺牲了1400多名战士，其中大部分是在隧道施工中牺牲的。但凭借着科学的施工态度和勇争第一的精神，铁道兵没有辜负党和人民的期望。

1969年后，受国务院和中央军委委托，西南铁路建设由铁道兵统一指挥，隧道施工的攻坚收尾战役打响了！

第5章 洞子通了，通车就有了保证

红色
工业

第 6 章
CHAPTER SIX

大自然中的桥梁博物馆

成昆铁路跨山、跨河，沿线地质条件复杂，为合理选择车站位置、利用有利地形、避开地质灾害频发区，在铁路线设计时，除采用大跨长桥多次跨河的方案外，还设置了大量的谷架桥、多线桥，全线修有大、中、小桥991座，堪称大自然中的桥梁博物馆。

成昆铁路横跨岷江水系、金沙江水系、元江水系的 14 条较大河流，横跨大渡河、13 次跨牛日河、3 次跨孙水河、8 次跨安宁河、横跨金沙江、49 次跨龙川江、16 次跨旧庄河、5 次跨螳螂川。全线修有大、中、小桥共 991 座，总延长 106.062 千米。平均约每 1.7 千米就有 1 座大桥或中桥。

除泸沽至垭口沿安宁河一带地势较平缓开阔外，途经的主要

△ 成昆铁路横跨大渡河、13 次跨牛日河、3 次跨孙水河、8 次跨安宁河、横跨金沙江、49 次跨龙川江、16 次跨旧庄河、5 次跨螳螂川

△ 铁道兵施工的密马龙5号大桥最高墩56米，为全线最高墩

河流大部分位于山高谷深的悬崖峭壁间，坡陡流急，多数无法通航；多是漂卵石河床，支岔多、沟谷深；洪水猛涨陡落，落差大。泸沽至西昌间泥石流带分布很广，龙川江宽谷地段主流随泥石流消长而摆动；安宁河、金沙江一带约200千米位于高地震区，沿线存在滑坡、岩堆、断层、塌方、腐蚀性强的含盐含石膏地层、龙街粉砂地层等不宜进行铁路施工的地质问题。为合理选择车站位置、利用有利地形、避开地质灾害频发区，设计单位在铁路线设计时，除采用大跨长桥多次跨河的方案外，还设置了大量的谷架桥（谷架桥即深谷上的高架桥）、多线桥。因此，成昆铁路上的桥具有桥长、跨大、墩高、基础复杂及圬工量大等特点。山区地段长度在200米以上的桥梁就有121座，其中500米以上的特大桥8座；墩高在30米以上的桥梁50

座128个墩，其中墩高50米以上的桥梁2座4个墩。如大田菁大桥长1165.94米，平均墩高30米以上；铁马谷架桥长882.65米，最高墩51.5米；密马龙5号大桥长227.42米，最高墩56米。山区地段，为了解决陡坡地形设站的困难，共有42个站在桥上或隧道内，需要建多线桥87座。

根据不同的地质条件、地理位置和功能，成昆铁路上的桥型和施工方法相较于同时代其他铁路干线要丰富得多。石拱桥、钢筋混凝土板式拱桥、悬砌拱桥，钢桁梁桥、栓焊梁桥，混凝土串

△ 成昆铁路一线天石拱桥，54米的跨度至今仍为中国铁路石拱桥中最大跨度

联梁桥、混凝土悬灌桥、混凝土拼装桥等，高矮不一、形状各异，建造材质不同、工艺不同，俨然是一座摆放在大自然中的桥梁博物馆。

为了解决地质、地形条件恶劣造成的修桥难问题，成昆铁路线上的桥梁建设采用了国际、国内的最新技术。为攻克技术难关，广泛开展路内外大协作，组成了钻孔桩基础、预应力拼装墩、栓焊梁、预应力梁、拱桥、新型架桥机等新技术战斗组。从研究、试验、设计到制造、检验、安装和使用，实行"七事一贯制"，通过选点实验、取得经验、总结改进、普遍推广，新技术普及得很快，取得了显著的成效，不仅解决了当时遇到的建设难题，而且为我国桥梁技术的发展谱写了新篇章。

在修建成昆铁路前，我国的铁路钢梁桥多是铆焊钢梁桥，但铆焊桥需要烧钉、铆合及装拆螺栓等，不仅费工还费时，经常出现现场铆合赶不上拼装需要的情况。而栓焊梁的拼装用高强度螺栓代替铆钉，节约钢材15%～30%；还简化了工序，拼装操作技术比铆接易于掌握，是一种新型结构钢梁桥。成昆铁路上的112米系杆拱桥是世界上新型的刚性梁柔性拱组合体系，轻盈美观，采用的当时最大厚度24毫米的国产16锰钢板建造的大跨度钢桥，接近当时世界上同类型铁路栓焊钢桥的最大跨度。栓焊桥中32米跨度组合梁适用于大坡道和弯道，是我国首次使用的比较新的结构型式。

△ 铁道兵采用整体拼装新技术，加快建桥速度

1966年6月，成昆铁路第一座栓焊梁钢桥迎水河大桥112米系杆拱开始架设，由铁道兵第七师33团13连担负试点工程。

迎水河大桥桥高90米，主跨112米。全桥由2600多根大小不同的杆件和35000多颗螺栓连接而成，连接误差不超过2毫米。为保障栓焊梁的安全，拧螺栓是道关键的工序，螺栓必须拧到规定的强度，强度太紧会变形断裂，太松则无法承受压力。所以，每一位拧螺栓战士的扳手都配有能够显示力量强度的指示计，

第6章 大自然中的桥梁博物馆

△ 成昆铁路主跨112米的迎水河大桥，为栓焊钢桁梁桥

但指示计有限，致使很多战士不能参与作业，施工进度怎么也上不去。细心的苗族战士梁小金，在操作中练出了不用指示计，靠敲螺栓听声音就能判断松紧的绝活儿。这个方法弥补了指示计的不足，并且能又快又好又准地操作，很快在工地推广开来。苦干加巧干，13连的战士仅用了6天零13小时便完成了112米柔性拱架设。

通过试点，积累了经验，培训了技术骨干，由此制订了第一个《栓焊钢桥高强度螺栓工地安装工艺规则》。很快，全线13种不同跨度和结构型式的42座大桥的栓焊钢梁施工，全面铺开。

成昆铁路大量采用栓焊钢桥技术，在经济、技术和争取工期上都达到了较好的效果，在设计、制造、安装和科学试验方面都有很大的改进和发展。此后，在我国钢桥建设领域，栓焊结构基本上代替了铆接结构，成为我国钢桥建设技术的一次重大改革。

在成昆铁路施工中，还第一次选点试用了铰接悬臂梁新结构。铁道兵施工的旧庄河1号大桥为"24+48+24"米的悬臂拼装梁，都是双肢悬臂对称、中间铰接的结构型式，梁为变截面箱形，刚性强、用料少，利用吊架悬臂分段灌筑或拼装，不用脚手架，适宜于跨越深沟峡谷及通航河道。

串联梁是把预制好的梁块在现场进行胶拼串联，张拉成梁。用简易架桥机架设或在桥跨便梁上串联、张拉，缩减了架梁作业时间，加速了铺轨进度。而预制梁块也初露桥梁制作工厂化端倪。

成昆铁路通车后，串联梁桥、悬臂灌筑梁桥、悬臂拼装梁桥的整体性良好，纵横向刚度和强度均满足了运营要求，从此，我国的预应力混凝土梁的跨度不断加长。目前，中国成贵高铁吊南河大桥的跨度达到144米，位居世界前列。

在成昆铁路桥梁建设中，还用了钻、挖孔桩基础和轻型墩台，同样是对我国建桥史的一次革新。

采用冲击钻机穿石凿岩，灌注深水桩基，能攻克在漂卵石层中修建桥基的难关。钻孔桩既改善了劳动条件，又节省了大量圬工，是桥基施工上的一大革新。挖孔桩所用的机具简单，上马容易、开挖快、造价低，在少量地下水的条件下，适用于陡峻山坡、山麓堆积，特别是块石堆积、覆盖厚、基岩深的桥基。钻、挖孔桩的采用使山区桥梁基础施工获得了更大的自由。

一些桥梁的修建，开始曾就地取材，采用砌筑块石或预制块建成厚壁空心墩。在施工中，经过研发试验，发展为钢筋混凝土薄壁空心墩，这种空心墩墩台自重轻，减少圬工，施工进度快，机械化程度高，可以因地制宜地使用。在缺沙石、缺水地区和地震区的优势更为显著。

石拱桥的型式传统，可以就地取材、节省钢料，坚固耐用，维修养护简单。特别适合场地狭窄、无法使用架梁机的地区。成昆铁路一线天、锦川两座桥位于深沟峡谷，两岸峭壁，紧连隧道。本着因地制宜、就地取材的原则，修建了两座单孔大跨空腹石拱桥，采用小拱设计和主拱分环砌筑的方法，为以后修建石拱桥积累了经验。

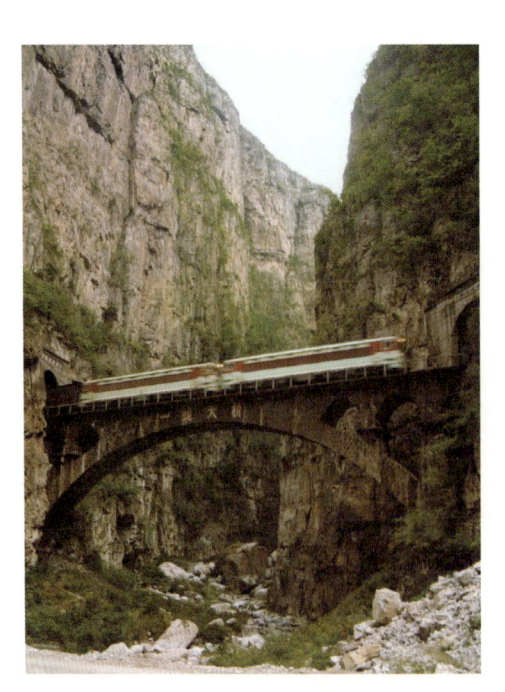

△ 成昆铁路线上的一线天

由于在建桥过程中大量使用了预制干硬性混凝土块件，现场吊运拼装桥梁或拱桥的拱圈的新工艺替代了脚手架和拱架，实现了预制工厂化和装配机械化，预制块件也逐步轻型化、拼装化，并成了我国此后桥梁建造的发展趋势。

新技术的使用加上大会战氛围的形成，桥涵工程建设队伍自觉掀起了"大桥不过月、中桥不过旬、小桥不过日"的施工高潮。桐模甸2号大桥在悬臂拼装64米跨度上承连续桁梁中，创造了48小时30分拼架完1孔64米梁，32小时30分拼架完7个节间的好成绩；第八师担负修建的旧庄河桥群，7个月即完成了8座，

△ 铁道兵第八师修建的铜模甸2号桥，建桥速度连创新高

△ 成昆铁路最长的大桥——大田菁特大桥

总延长 1401 米，每米用工 109 天；大田菁特大桥长 1165 米，38 个缴台，平均高 25 米，只用 1 个月即完成了全部墩台圬工，折合成桥 536 米。

成昆铁路山区路段，桥隧相连，原有的悬臂式架桥机轴重达 44.5 吨，使用中要对线路和桥基进行特别加固，增加了工程成本和作业量；自身重，不便移动，需要增设岔线；体积大，还受限于隧道净空，架梁作业中困难重重。全国 13 个协作单位组成了战斗组，终于在短期内设计制造成功了我国第一台简支式静止状态下架梁的新型架桥机。便捷工程施工的同时带来了工业制造上的革命，全国一盘棋显示了巨大的力量。

50多年过去了，中国已经成了世界造桥大国。虽然中国大地上有了更高、更大、更美的桥，但成昆铁路沿线那些隐于青山碧水中的老桥仍然负重而立。作为我国现代化桥梁发展史上的鼻祖，它们默默地欣赏着那些更新式大桥的兴建、长高、长大。

红色工业

第 7 章
CHAPTER SEVEN

成昆铁路上的战斗组

成昆铁路的修建是在特殊的历史条件下修建起来的一项伟大工程,为了能够啃下这块硬骨头,在难度最大、危险性最高的隧道施工方面,在桥梁施工方面,在牵引动力、通信信号等方面组成了40多个科研战斗小组。

成昆铁路是在特殊的历史环境下修建起来的，尽管在当时的历史背景下，许多事情都避免不了受到影响，但成昆铁路的建设，上下一盘棋，发动了全社会的力量，发挥各阶层的积极性，强化科研攻关，"多、快、好、省"修建铁路，为我们留下了宝贵的经验和财富。

1964年9月，遵照中央指示，西南铁路建设总指挥部成立了，中共中央西南局第一书记李井泉任总指挥，铁道部代部长吕正操、副部长刘建章，铁道兵副司令员郭维成，铁道部副部长彭敏、商业部副部长张永励等任副总指挥。下设工地指挥部、技术委员会和支援铁路修建委员会，统一领导、集中指挥这场大会战。

工地指挥部由吕正操兼司令员和政委，郭维城和刘建章兼副司令员和副政委，彭敏兼总工程师，铁道兵第一军政治部副主任张治安任政治部主任。指挥部负责全面指挥和组织工程的实施。它统管计划、财务、物资、装备，并对参加筑路的设计、科研、生产、运输、施工力量实行统一领导、统一调度、统一指挥，从设计、施工到竣工交付、正式运营，一抓到底，全面负责。技术委员会负责制定技术政策、领导和组织新技术的采用、组织审查鉴定设计文件和科研成果。支援铁路修建委员会与沿线各省、地、县（州）相应的机构负责发动和组织沿线各族人民支援铁路建设。

当时，西南铁路在建工程有贵昆铁路、川黔铁路、成昆铁路。实践证明，在这样一场大规模的建设中，既要落实"先取川黔、次取贵昆、会战成昆"的建设规划，又要集中力量完成成昆铁路建设，如果没有一个有责有权、能集中统一领导的指挥机构是无法协调各方力量做好事情的。

成昆铁路是在"修路禁区"上建起来的，修建难度之大在建设初期是令人无法想象的。

以成昆线上第三大隧道莲地隧道为例。

由于地震频发，山体不断错动，隧道进口在一个破碎带地层。洞内的碎石泥沙挤压体用钢钎一捅就塌，越动塌的面积越大，石质破碎得像豆腐渣。战士们只好把上导坑分成6个部分，采用放小炮、人工挖、打钢钎等办法，一块一块啃，挖一段支护一段，上导坑挖完再挖下导坑，100多米的破碎带终于闯了过去。可热火朝天的大干没坚持多久，随着隧道向大山腹地伸延，掌子面上又出现了一种铁青钢硬的"特坚石"。打炮眼的合金钻在石头上不停跳跃，直冒火花，就是打不进去。战士们摸索出改钻头、打浅眼、多打眼、大药量的办法，终于啃掉了这块硬骨头。当隧道进度由单口月成洞100米、200米……不断地刷新纪录时，一排炮响过，一阵热浪伴随着硝烟扑向掌子面，洞里的气温从30℃升到超过40℃，在热浪中施工的战士们一个月下来，体重减了好几斤。

这一关刚过，放了一排炮，石缝里又喷出了冰冷透骨的泉水，洞顶大雨倾盆，洞下水深没膝，战士们打着哆嗦天天泡在长河里施工。除了这些还有酸雨、岩爆、黏性如胶的"软泥巴"、硬如岩石的"砂夹土"及伽马射线等，为了能打通隧道，设计方案做了三次调整。

窥一斑可知全豹，成昆铁路的修建，难度史无前例！

为了闯过"修路禁区"的重重难关，工地指挥部作出了《关于成昆线采用和发展新技术的决定》，希望通过修建这条铁路引进先进的施工设备、强化自主的科技攻关，从而改变我国铁路整体技术装备和施工技术落后的面貌，改进铁路施工方法，提高铁路运输能力。

指挥部确定在牵引动力、通信信号、线路上部建筑、桥隧土石方各项工程快速施工四个方面有目的地采用各种新技术、新设备、新工艺、新结构、新材料和新的施工方法。通过调查研究，整理出相关的65个新技术项目，从全国科研、院校、设计、施工、制造、运营等单位抽调力量，按项目要求组成了40多个科研小组，即战斗组，先后参与攻关的科研和工程技术人员达到了1200人。

在难度最大、危险性最高的隧道施工方面，结合进口机械设备的使用，组成了16个新技术战斗组。其中综合性的有关村坝隧道快速施工战斗组、沙木拉打隧道快速施工战斗组、蜜蜂菁2号

△ 隧道架线

隧道全断面掘进战斗组、碧鸡关隧道快速施工战斗组、赵坪1号隧道快速施工战斗组、长虹隧道快速施工战斗组、不良地质隧道战斗组、白石岩1号隧道全断面掘进战斗组、机械配套战斗组；单项技术的有地层压力与衬砌支护量测战斗组、喷混凝土战斗组、化学防水战斗组、电钻战斗组、施工通风及防尘战斗组、运营通风战斗组、整体道床及轨枕板战斗组。

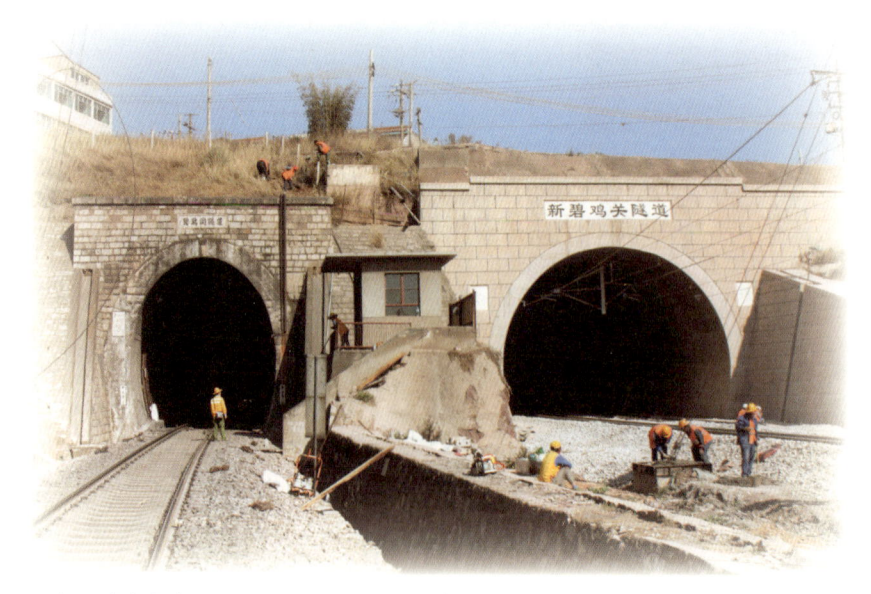

△ 新旧碧鸡关隧道

在桥梁施工方面组成了13个新技术战斗组，涉及钻孔桩基础、预应力拼装墩、栓焊梁、预应力梁、拱桥、新型架桥机研制等方面。

还有有关牵引力、通信信号等方面的战斗组。

这些战斗组有着共同的特点：一是人员是在全国范围内抽调的各路精英，成员构成都是科研力量、设计力量、施工力量的三结合；二是涉及的科研项目涵盖某个领域的方方面面，可以全方位把控这一领域的各种技术难点，

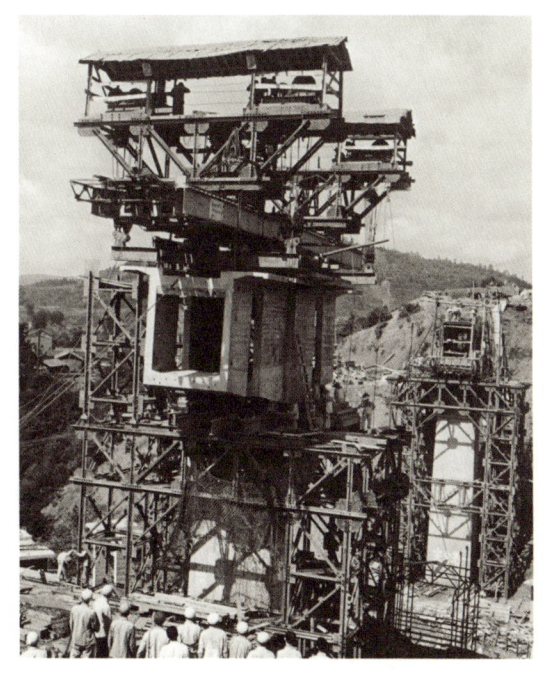

△ 用预制件拼装架桥

△ 第八师施工的旧庄河1号桥为我国铁路首次采用悬臂式拼装预应力混凝土梁

实现了工程难点的全覆盖；三是实行研究、试验、设计、制造检验、安装、使用等7件事负责到底的一贯制，注重科研与实际的结合，工作重点放在解决施工现场的关键问题上，促进科研成果就地转化为生产力，对加快施工进度、提高铁路修建水平起到了立竿见影的效果；四是科研所需的资金、材料、设备由确定负责实施新项目的施工单位纳入该工点的工程计划，保证了在较短的时间内科研成果能够尽快落地。

以栓焊梁战斗组为例。

栓焊梁战斗组由铁道部科学研究院，西南研究所，西南专业设计院，铁道部第一、第二、第四设计院，铁道部大桥工程局，铁道部大桥第二工程局，山海关和宝鸡桥梁厂，兰州铁道学院，铁道兵第一、第五、第七、第八、第十师及兵部科研处，清华大学，中国科学院声学研究所，一机部焊接研究所等单位，共68人组成了三结合战斗组。战斗组进行了大量的试验研究，拿到了可靠数据，克服了各种困难，连续奋战，很快完成了设计任务，并深入工厂车间、施工现场，配合制造和安装架设。同时，山海关和宝鸡两个桥梁厂，在制造钢桥杆件的过程中，改造技术设备，革新工艺，保质、保量、按时交付产品。负责安装架设的铁道兵各师和有关单位因地制宜地采用多种拼装架设方法，促使架设速度不断提高。就这样，科研贯穿了设计、制造、施工的全过程，三方内外联动，推动了栓焊钢桥新技术在成昆铁路修建过程

△ 第一师施工的拉旧大桥，为先进的栓焊梁钢桁桥

中被大量采用和进一步发展。

这种攻关模式，使成昆铁路建设难点突破的过程成了我国铁路建设技术和装备水平不断进化的过程。成昆铁路的建设是一座里程碑，它不仅凝聚出了"团结协作、敢于牺牲、奋力拼搏、永不言败"的成昆精神，也当之无愧地成了我国现代化铁路建设的新起点。

党中央发出了提前于1968年7月1日修通成昆线的号召。工地指挥部党委为此向全体筑路人员发出了战斗动员令。广大筑路人热烈响应中央的号召，全线工地出现了前所未有的生产热潮。

红色
工业

第 8 章
CHAPTER EIGHT

华罗庚说：我能计算出复杂的数学公式，但我计算不出铁道兵对党和人民的忠诚

"今日梅花怒放,明朝杜鹃满山,铁道兵巧手绘蓝图,彩虹铺上云天。不畏艰难险阻,何惧水深石顽。十万大山已凿穿,凯歌直冲霄汉。"

这首诗是我国著名数学家华罗庚对铁道兵的由衷赞美。

1967年，数学家华罗庚为普及"优选法"和"统筹法"来到了西南铁路建设工地。当他看到铁道兵在大水如注的隧道中毫不畏惧、毫不退缩地与涌水搏斗时，感动得落了泪。他说：我能计算出复杂的数学公式，但我计算不出铁道兵对党和人民的忠诚。并当场写下赞扬铁道兵的《西江月》："今日梅花怒放，明朝杜鹃满山，铁道兵巧手绘蓝图，彩虹铺上云天。不畏艰难险阻，何惧水深石顽。十万大山已凿穿，凯歌直冲霄汉。"

　　成昆铁路全线有700多千米穿过西南和滇北山区。虽然在设计上为避开严重不良地质地段，克服地势起伏的巨大高差，线路13次跨牛日河，8次跨安宁河，49次跨龙川江及其支流楚雄河、广通河，4处越岭，还有7处大的盘山展线，但由于地质、地理的特殊性，施工依然

△ 华罗庚为战士们讲统筹法

十分艰难。

2008年，汶川地区发生了里氏8.0级地震，后多次发生余震、大型泥石流及山体滑坡等地质灾害，让我们把目光投向了这一地区特殊的地质条件。当年，成昆铁路即将穿过峨眉山大断裂、汉源大断裂、石棉大断裂、普格河大断裂、普波河大断裂、安宁河大断裂、雅砻江大断裂等，而这些几乎全部在铁道兵施工的区域。这些大断裂造就了特殊的地质地貌：岩石破碎，成昆铁路线有400～500千米要经过烈度7～9度的地震区；地下水发育，断层裂隙水涌水量大；复杂的地质、地形、地貌和水文条件，造成全线要经过很多山体滑坡、危岩落石、崩塌岩堆、泥石流沟区域；沿线遍布溶洞、暗河、断层、流沙、瓦斯、岩爆、有毒有害气体等；多处河岸冲刷、山体错落，特别是大渡河、金沙江两岸，峭壁悬崖，山高谷深，川大流急，地势险峻。

但困难吓不倒铁道兵。这支在辽沈战役的炮火中诞生，在解放战争和抗美援朝战争的战火中成长起来的钢铁部队，把成昆铁路当作新的战场，以特有的"逢山凿路、遇水架桥，铁道兵前无险阻；风餐露宿、栉风沐雨，铁道兵前无困难"的精神，争取着战斗的胜利。

当年的西南铁路建设总指挥部副总指挥郭维城在成昆铁路建设的回忆文章中说："在千里铁路工地上，指战员们边安家边做施工准备。他们在大渡河、金沙江滩上搭起草棚，在深山野谷里砌石垒灶，在高山顶上修起悬空的便桥。工地的公路便道没有修通，筑路战士就肩挑人抬，水运马驮，把大批机械、材料搬到隧道口、大桥旁。大型机械搬不动，就把它们'化整为零'，拆成小部件，一件一件抬上人迹罕见的高山……开挖黑井隧道的第八师第36团4营初到工地时，只有一些钢钎、铁锤和两台压风机。公路没修通，大型机械一时运不进来，战士们不等待、不依赖，打着灯笼火把进山洞，抡起铁锤打炮眼，基本上依靠人力打通了这座千米长的隧道，其中连续5个月达到100米成洞。"

△ 铁道兵战士在金沙江上放木排，强渡大渡河，把物资运往铁路修建工地

面对千难万险，铁道兵喊出的口号是："有条件上，没有条件创造条件也要上！"

莲地隧道下是金沙江，路口是"鬼见愁"，施工材料运不上来。面对这险山恶水，第七师32团选了18位战士，组成了"水上运输敢死队"，利用木筏，从金沙江上游将施工用料抢运到隧道洞口。队员们在队长罗福贵的带领下，请从小就在这一带划船且当年送过红军的老船工为他们引路，在奔腾怒吼的金沙江江水中，逐一突破了"老鸦滩""老虎嘴""阴阳滩"等一个个鬼门关，及时把施工材料抢运到位，为隧道正常施工提供保障。

铁道兵施工的线路隧道多且长，除个别隧道外施工机具都十分简陋，大部分战士用的是钢钎、铁锤，每个作业面只有几台湿性风枪，加之地质条件差，施工进度开始不尽如人意。

负责全线施工指挥的西南铁路建设指挥部在各隧道施工单位间开展了"月百米成洞"和"双百、双保、两不超"的劳动竞赛。到1966年年底，全线计有445个口次月成洞百米以上，其中有36个口次达到150米，19个口次达到200米，14个口次达到300米；有239个口次达到了"双百、双保、两不超"的目标。

莲地隧道在竞赛中表现尤为突出。

莲地隧道地质情况复杂，人称"地质博物馆"。这里有一触即塌的烂泥巴，有铁青钢硬的特坚石，有超过40℃高温的"火焰山"，还有山泉暴涌的"水帘洞"，施工条件十分艰苦。特别是夏季在"火焰"地段作业，昼夜热浪滚滚，战士们汗流如注，苦不堪言。但指战员们不讲价钱、不畏艰难、冒着持续高温顽强战斗。除在高温中施工外，其他境况下的施工也并不轻松。有时候一排炮后，岩缝里突然水如泉涌，冰冷刺骨，"火焰山"变成了"水帘洞"，这时战士们又不得不在水深没膝的环境下忍着寒冷，打着哆嗦，坚持施工。为了加快进度，战士们干脆不给风枪加水，干性

△ 面对涌水和塌方，战士们从不后退

△ 一定要拿下特坚石

施工虽然加快了进度，但带来了矽肺病的隐患。就是在这样的情况下，在劳动竞赛中，莲地隧道的战士们月月超额完成计划，不断刷新纪录，1967年7月创造了单口月成洞571.2米、双口月成洞1003米的惊人成绩，并做到了高产、稳产，连续7个月平均双口月成洞502米。

在集中力量突击隧道施工的同时，指挥部还积极组织桥梁工程的快速施工，以加快工程进度。

第八师负责修建的旧庄河桥群，7个月修成了8座，总延长1401米，每米用工109工天；大田箐特大桥长1165米，38个墩台，平均高度25米，只用1个月即完成了全部墩台（不含基础）圬工，折合成桥536米。

第一师杨连第连负责施工的密马龙 5 号大桥全长 227.42 米，距昆明 135 千米，是南端铺轨难度非常大的桥梁之一。桥址处线路纵坡 2.5‰，平面为直线及半径 400 米的曲线；基础地质为破碎的砂页岩互层，桥墩高 56 米，比 1949 年解放战争中杨连第赤手登上的全国最高的陇海铁路 8 号桥还高 11 米。新战士熊思兵有恐高症，桥墩修到 30 米，怎么也不敢再往上爬。可他所在的部队是以登高英雄杨连第命名的连，英雄的旗帜在空中飘扬，他怎么能厌呢？他一遍遍上、一次次吐、一次次闯，在杨连第精神的鼓舞下，他以非凡的勇气攻克了"自我"，在 64 米高的建桥支架上，他也可以健步如飞。

土方施工是机械化水平最高的施工项目，机械手们不甘落后，不断涌现出每台土方机月产万方，保质量、保安全、保节约、保机械完好率、出勤率高的"万方、三保、两率高"先进典型。

战士们自愿放弃了节假日，甚至偷偷去加班。他们心里只有一个念头：早日建成成昆铁路。怀着这种信念，战士们在那样艰苦且高强度的施工条件下忘我拼搏。

不少到工地参观访问的专家、学者都像华罗庚一样，深为铁道兵干部、战士无私无畏、忘我劳动的拼搏精神和忠于人民、忠于责任的精神所感动。

"铁道兵前无险阻""铁道兵前无困难"，解放战争、抗美援朝战争中铁道兵是这样，在和平建设中他们依然是这样。

红色
工业

第 9 章
CHAPTER NINE

彭德怀说：给他们立个碑，要让后人记住他们

「明知山有虎，偏向虎山行。」

在成昆铁路沿线的一座座烈士陵园中，一块块烈士墓碑背后，有着一个个可歌可泣的英雄故事。明知危险依然毫不畏惧冲在前的铁道兵，是有气节、甘奉献的人民英雄，他们心系祖国、不畏生死，用自己的一切捍卫了对国家的忠诚，他们是成昆铁路线上不朽的丰碑！

1966年12月8日下午3时许，铁一师4团负责开挖的成昆铁路渔坝村3号隧道塌方了。

设计方案中，隧道地质F值为0.6，表明该隧道所处位置是一处典型的松散岩类地质带，开凿隧道其实就是在风化石崩落堆积而成的岩堆上打洞。岩堆的特征是石块大小不一、易透水、边坡

△ 发生过大塌方的渔坝村隧道

不稳定，常沿基岩面发生滑动。隧道开挖前，地层处于相对稳定的平衡状态。开挖后，导坑周围的地层失去了部分支撑，原来的稳定平衡状态遭到破坏，从而发生变形、开裂、坍塌等显著变动。

这次塌方是隧道出口的山体坍塌，约7000立方米土石从20多米高的山腰塌下，将洞口12米拱圈冲垮。

要想尽快恢复施工，必须清除洞口的塌方。团长亲临现场指挥。当班副连长带领一个排清除洞口塌方的石碴，另一个排在塌方体边排成两排运送石碴。

正当同志们紧张有序地清理石碴时，一声巨响，洞口再次崩塌，洞内塌方体立刻陷出直径3米、深1.5米的深坑，站在陷坑上传递石头的5名战士全部陷入坑内。深坑内，碎石突然涌动，陷坑不断扩大、陷落，山上落石受坍塌搅动也不断滚落下来。

"不好！快救人！快救人！"紧急关头，副班长王明发边跑边喊，第一个冲进陷坑，试图拉出陷进泥石漩涡中的战友。

石坑在慢慢旋转下陷，眼看战友就要被石流吞没，坑上的战友们心急如焚，毫不犹豫地跳下去救人。

一瞬间，23名战士相继冲进了陷坑。一场生死大营救迅速展开。

跳下去的战士用肩顶、用手扒，试图挡住不断下落的巨石，将被石碴埋住的战友拉出来。但因石坑仍在不停地旋转下陷，营救者与被救者不断被旋入陷坑，被石碴吞没。

一名战友转瞬不见了踪影，另一名战友已被石碴埋至腹部，一块大石头眼看就要砸向战友。王明发抢上去用肩膀扛住危石。副连长张弟裕从隧道的另一头闻讯赶来，他先用双手猛力推开滚向坑内的巨石，来不及处理伤口就冲进陷坑救战友。一个、两个、三个……他不断从坑中把战友推向其他战友组成的人链。

突然，山上又滚下一块巨石，一声闷响，洞口又塌下五六立方米土石，石坑出现第二次下陷，14人当场被乱石吞噬。

明知进入陷坑大概率就是死，可后面赶来的战友没有犹豫。不断有人接上断开的人链；不断有人跳入陷坑，扒开战友身边的乱石，把战友从石碴中一个一个拉出来。大家用生命与下旋的陷坑争速度、抢时间。

张弟裕连续救了几位战友，一次又一次冲进陷坑，就在他伸手去拉陷入泥石漩涡中的王明发时，又是一声闷响，可怕的第三次下陷发生了。

王明发陷得更深了，张弟裕也陷在了乱石中无法动弹。最初的震惊变成了冷静，为了不再让战友陷入险境，王明发和张弟裕拼命地向战友们呼喊："我们不行了，你们不要过来，这里危险，请你们赶快离开！"

他们竭力用露在外面的双手推开前来抢救的战友，直到被石碴无情地吞没。

已经有18名战士被陷坑埋没，可塌陷仍在继续。险情面前，为了减少无谓的牺牲，团长哭着死命拦住冲上来的战友，果断发出了停止抢救的命令。

铁道兵指战员们在这次大塌方面前，为抢救战友所表现出来的前仆后继、大无畏的革命精神可歌可泣！在生死面前，能把生的希望留给战友，把死的危险留给自己，这样的军队，才是有钢筋铁骨的军队！

△ 隧道抢险

战友的牺牲留下的是无言的伤痛！

其实，为了避免牺牲，铁道兵在每座隧道施工前，都会制订详细的施工方案，尤其重视制订防塌方、战塌方的施工方案。每天开工前，也都有安全员负责危情排查。但是，成昆铁路各隧道的地质情况实在是太特殊了，尽管铁道兵们进行了不懈努力，牺牲仍旧难免。

2018年，中央电视台《大山里的共和国建设者》摄制组采访了冷长明。不到70岁的冷长明走路已显得艰难，整个面部布满了大大小小的黑点。

1969年3月5日，冷长明所在的铁五师24团枣子林隧道正在实施爆破。

引线员点燃了导火线，计数时却发现有一炮没响。隧道施工中最怕遇到塌方和"哑炮"。没有爆炸的哑炮无异于一枚定时炸弹，若不立即除掉，施工无法继续！

通常负责进去排哑炮的都是胆子最大、心思最细、受过训练的专职安全员，但这天安全员恰好不在。负责出碴的冷长明跑到值班班长跟前说："我来！我曾经跟安全员处理过哑炮，我去处理吧。"

爆破下来的乱石堆得有半人高，炸药爆炸后的气味呛得冷长明不敢呼吸，瞎炮的位置在浓烟中无法确认。就在他小心地靠近爆破面时，"嘭"一声，哑炮爆炸了。冷长明全身负伤120多处，至今还有100多块细碎的岩石残留在他的脸上、手上、身体里。

1965年8月18日，在成昆铁路昆明至广通区段的建设工地上，铁七师 32 团 22 连的战士们正在星宿江右岸的半山腰上争分夺秒地开凿密马龙 2 号隧道。担任工地安全员的向启万像往常一样来到隧道施工最容易塌方的危险地带仔细检查着每一块危石、每一根支撑木。突然，他听到细微的"咔咔"声，发现一根支撑木正在倾倒。这是大塌方的信号！

向启万赶紧跑过去一边用肩膀顶住"咔咔"作响的支撑排架，一边高声呼喊："马上就要塌方了，赶快撤离！"听到向启万的呼喊，战友们迅速撤到了安全地带。可就在向启万自己抽身撤离的一瞬间，50 多方岩石连同排架砸了下来，向启万被岩石和支撑木紧紧卡住，头负重伤，左小腿被压碎，右小腿被压断。战友们用了近 8 个小时，才把向启万从支撑木和碎石里救出来，他的军装早已被鲜血染红，可他却一直在问战友们的安危。医治过程中，每次上药前都要刮去他腿上的烂肉，医生、护士都心疼得直掉眼泪。但向启万死死咬住嘴唇不哼一声。他安慰他们说："没关系，铁道兵，不许流泪。"他还对前来看望他的师长说："成昆铁路还没有竣工，我不能死，也不会死。"

但向启万的伤情越来越严重，他最后一次清醒时，要求穿上军装。护士解释：穿军装会磨破肿胀的皮肤。他虚弱地说："我就要走了，我是铁道兵战士，我一定要穿着军装去。"

1965 年 9 月 3 日，铁道兵十师 47 团 22 连正在施工的大桥湾 1 号隧道进口发生塌方，排架倒塌。正在操纵着风枪的徐文科和周

△ 隧道风枪手

围几位战友被埋。石块已埋到徐文科的腹部，他的双臂被支撑木死死卡着。当同志们赶来抢救时，徐文科急切地喊道："你们赶快出去，又要塌方了！"

塌方在继续，副指导员张宝祥摸到徐文科身旁，一边安慰徐文科，一边猛力扒石碴。徐文科再次催促副指导员离开。当他再次从昏迷中清醒时，发现副指导员和另一位战友已双手鲜血淋淋却还在抢救自己。落石渐渐变多、变急，徐文科万分焦急地说："副指导员，又要塌方了，你们怎么还不出去？"张宝祥坚定地说："我们都是阶级兄弟，死要死在一起，活要一同出去！"已经很虚弱的徐文科问："副指导员，我们修建西南铁路，毛主席知道吗？"张宝祥激动地说："毛主席知道，他老人家时刻都在关心着我们！""为修建成昆铁路，死是光荣的！"徐文科的声音微弱而颤抖。

落石纷纷下坠，大塌方再次发生。为了让战友赶快撤离险区，

△ 战塌方

徐文科猛地抓起一块岩石砸向了自己。张宝祥听到的最后一句话是:"让……毛主席……放心!"

这个故事感动了数不清的人。人们为徐文科的忠诚和勇敢而感动;为副指导员能与战友生死与共而感动;为这个人民为国家勇于牺牲的时代而感动。

据不完全统计,修建成昆铁路,铁道兵牺牲的战士有姓名的近1400人,在677千米的施工线上(不含渡口等支线),平均每千米牺牲2个人,还有3000多名战士负伤。

1966年3月24日,已是"三线建设"副总指挥的彭德怀来到曾参加过抗美援朝战争的铁道兵的工地。他穿上雨鞋、戴上柳条帽来到了铁十师48团施工的乌斯河隧道掌子面,隧道是个典型的烂洞子,可自发列队欢迎的战士们虽然一身泥水、满脸灰尘,依然神采奕奕。在掌声中工班长喊道:"同志们,彭老总来看我们啦!加油干!早日修通成昆铁路,让彭老总坐上火车指挥备战!"出了洞口,他接过警卫员递给他的望远镜,看到吊在峭壁上打炮眼的战士挥动军帽或小红旗向他致意,他一只手握着望远镜,另一只手使劲挥舞着说:"同志们,要小心!千万注意安全啊!"他正准备离开隧道继续前行,却发现隧道旁的山坡上有座烈士墓。抗美援朝战争中,铁道兵就跟着彭德怀出生入死,牺牲了1486名战士。看到又有战士牺牲,他默默地走上前去,采下山上的野花放在墓前。

△ 米易铁道兵烈士陵园

彭德怀看到墓前没有墓碑，只插着一块木板，上面写着战士的姓名、年龄和所服役的单位，就向陪同上山的师领导说："同志，这样不行！这样对不起这些为建设成昆线光荣牺牲的战士。要给他们每个人立个碑，碑上刻上他们的姓名、籍贯、单位、职务、出生年月和牺牲时间，好让烈士的亲人和战友们前来扫墓悼念，让祖国和人民永远记住他们！"

此后，建设者在成昆铁路沿线最显眼的地方建了烈士陵园。

在成昆铁路沿线共有18座铁道兵烈士陵园，那陵园中的一座座纪念碑和一块块墓碑凝结着彭德怀元帅的深情与厚意，向一

△ 成昆铁路沿线的铁道兵烈士纪念碑

代又一代的后来人述说着铁道兵在祖国建设中那些忠诚与奉献的故事。

红色
工业

第 10 章
CHAPTER TEN

南瓜生蛋的秘密

"不拿群众一针一线"是人民军队"三大纪律八项注意"铁的纪律,"南瓜生蛋的秘密"是百姓拥军、爱军的行动体现。铁道兵帮助当地的百姓种地,当地的青年人自发为铁道兵修路扛物资上山;铁道兵为当地的大妈送去烧材,当地的大爷为铁道兵送去蔬菜……军爱民、民拥军,处处洋溢着浓浓的军民鱼水情。

成昆铁路通车后，指挥部出版了一部画册，名为"万水千山只等闲"。画册中有这样一组图片分量很重，表达的是军民鱼水情。铁道兵帮助当地的百姓种地，当地的青年人自发为铁道兵修路扛物资上山；铁道兵为当地的大妈送去烧材，当地的大爷为铁道兵送去蔬菜……

成昆铁路穿行于攀西大裂谷，高山深谷，乱石密布，可耕地奇缺。为了不占耕地或尽可能地少占耕地，在线路设计上都尽量避开了农田。这也就决定了筑路部队安营扎寨是个大难题。

△ 铁路沿线各族人民组织马车队，支援铁路建设

为了支援铁路建设，当地政府设立了支援铁路修建委员会，发动和组织沿线各族人民为部队解决生活问题，想尽办法把部队留在有人烟的地方。

铁八师的新兵驻扎在云南省禄丰县高峰公社。这是云贵高原上的一个偏僻的山区。公社把办公楼腾出来给部队的新兵训练队居住。营部和连部分别驻扎在公社办公楼二层的几个房间。公社办公楼前的两个大库房里，住着全连队的200人。距公社西边二三里（1~1.5千米）的地方有一座小山村，公社屋后的山岗被开辟成训练新兵的场地。

铁一师在西南铁路云南省境内建设线路时，后勤部卫生科医疗所驻扎在寻甸县。成昆铁路会战开始后，进驻罗次县。根据命令，医疗所扩编为师级医院。当地政府立即把面积最大的养猪场腾给部队改建医院。

但铁道兵参加成昆铁路建设大会战的人员有18万人，大部分部队还是选择在环境恶劣的野外自己开辟宿营地。

铁一师第二管区的新江至黄瓜园段位于云南省元谋县金沙江与龙川江的交界处。部队沿龙川江、金沙江一字排开。头顶是陡峭山崖，脚下是奔腾的龙川江和金沙江，修建临时房屋的战士只能在陡峭的半山腰开出平地建房子。首先战士们要爬到山顶打好钢钎桩、固定好麻绳，然后在腰里缠好麻绳，系好安全带，从山顶慢慢降到悬崖上的指定位置，打眼、放炮，在坚硬的半山腰炸出一块凹面立足，再慢慢啃出一块平地来。

铁七师管区为地震频发区，又濒临金沙江，风沙大，夏季气温高达45℃，夏秋之间雨量大，洪水暴涨暴落，最高与最低水位差可达20~25米。安家先遣队带的大多是小帐篷，能住10~12人，但营地面积狭小，怎么安排都住不下。于是战士们干脆在帐篷中搭起了上下铺，并戏称住上了"帐篷楼"。

△ 为了不占或少占老百姓的用地和用房，战士们平整山头建设营地

有的部队搭建的临时房屋为防热、防风沙，就在瓦楞铁皮下加设一层约10厘米厚的山草隔热层；有的预筑50~80厘米厚的土墙。由于傍山临江，地形陡峭，有1个营的5个连队干脆沿陡坡上下重叠修建营房，最终达14层，远看就像布达拉宫。

尽管住地建设很匆忙也很艰难，但战士们宁可住得差也要按时按点开工。因为战士们知道，修建成昆铁路是在与帝国主义抢时间、争速度，成昆铁路早一天修通，国家的安全就会更有保障，国家建设就能向前推进一步，当地百姓就能早一天过上更好的

第10章 南瓜生蛋的秘密

日子。

这种认识上的自觉转变成行动上的自觉与自强。这是推动国家在艰苦环境下，迅速发展起来的根本力量。而军民团结如一人，使这种力量变得更加强大。

军爱民、民拥军，是军队和百姓鱼水关系的最好体现。

直到今天，成昆铁路沿线的老人们还在讲着当年的那些故事。

1969年春节前夕，四川省会理县4位彝族老乡，满怀着对人民子弟兵的深厚情意，坐着满载蔬菜、木柴的小船向修建拉鲊车站的部队驻地划来。却不想小船一离岸就被大风冲进了波浪翻滚的牛涡滩。

清晨7点50分，铁七师31团的乔万迎和两名战友刚出门，就听到有呼救声从"牛漩涡"下面传来。

"牛漩涡"是"牛涡滩"下的一个回水湾。乔万迎和大家赶到时，只见"牛漩涡"中木柴遍布，小船在水中时沉时浮，正随着漩涡打转，4位老乡抱着木柴在水中时隐时现，情况十分危急。乔万迎第一个跳进了金沙江，一口气游了60多米。金沙江是雪水江，即使在6月天水也刺骨透凉，而当时正值腊月，下水不久人就被冻得浑身发木。乔万迎看见白发苍苍的老大娘正抱着一根圆木在漩涡边打转，他立刻扑了上去。但流水太急，他被漩涡卷了进去，待他钻出水面时，大娘却被冲远了。手脚已被冻麻，浪花打得睁不开眼，他再一次深吸一口气潜入水中，一个猛子扎到大娘身前，这才拉住人，把人扶到了一捆木柴上。同来的战友把其他人也扶到了木柴上，大家一起拉着木柴把群众送上了小船，脱离了"牛漩涡"。

冲出一个险境，没想到更大的危险又来了。刚摆脱"牛漩涡"的小船被水一冲，直向"鬼门关"而去。

民间流传着这样的歌谣："船过鬼门关，十有九个翻，人到鬼门关，如进阎王殿。"战士们想把小船拉回来，可谁知，因为有木柴捆在小船后，阻力太大，怎么都拉不动，战士们被小船拖着冲出了好远。老大娘急切地说："大军同志，我们回不去了，你们快走吧！"乔万迎说："大娘，只要我们还有一个人，就不会丢下你们不管！"更多的战友来了，岸上的战友把一根根粗麻绳送到水中，有人在岸上拉，有人在水里推，在300米的江面上，经过半个多小时的搏斗，终于把老乡们拉上了岸。

还有一个故事，传遍了全国，那就是"南瓜生蛋的秘密"。

修建成昆铁路的铁十师的一个连队发生了一件"怪"事儿。

一天，炊事班切南瓜，竟然切出了一堆鸡蛋。原来有人在南瓜上开了一个拳头大小的洞，掏空了瓜瓤，把鸡蛋放了进去，最后再把洞按照原样盖上，不仔细看还真看不出来。随后，大家又在另外几个南瓜里发现了鸡蛋和野鸭蛋，竟然有6斤左右。

部队要执行"三大纪律八项注意"，怎么能白要老乡的东西。指导员责成一名小战士去调查是谁给部队送来的鸡蛋。小战士向

△ 南瓜生蛋的秘密

给养员征求线索，给养员却说附近几个生产队都争着比着拥军，都有可能做出这样的事儿来。两个人分析后，将目标锁定在吴大娘身上。吴大娘前两天来送过南瓜，而且她是远近闻名的拥军模范。

小战士来到吴大娘家，正碰上吴大娘给小学生讲红军当年进山寨扑火，她把鸡蛋塞到南瓜里送给红军的故事。这更让小战士觉得送鸡蛋的事是吴大娘做的。

但吴大娘却摇头否认。她说，当年红军已经走出去几十里地了，硬是让两名战士回来给她送回了鸡蛋钱，至今那银圆还在。

她太了解人民军队的"三大纪律八项注意"了，不会再做那样的事儿了。

到底是谁做的呢？

吴大娘告诉小李，可能是几个学生做的。上次她把这个故事讲过一次，也许他们听了就学着做了。小战士在吴大娘的指引下找到了一个叫大松的孩子，终于揭开了"南瓜生蛋"的秘密。原来，大松等几个孩子虽然还在上小学，但他们在课堂上学习中了解到中华人民共和国成立后寨子的变化，眼睛里看到的是解放军无偿帮助寨子修桥、修路、挖水渠，帮助老人挑水、种菜、扫院子，他们知道解放军建设祖国、建设成昆铁路是为了让他们的生活更幸福，于是，总想着为部队做点什么。但是，他们帮忙洗衣

△ 战士们利用休息时间支农

服被解放军发现后,脏衣服都被藏起来了;给菜地里送肥料,送了八筐,还回来更多;送南瓜还一定要给钱。后来受到吴大娘故事的启发导演了这出"南瓜生蛋"的大戏。

这些故事在当时很有代表性。

当年为早日建成成昆铁路,战士们白天黑夜坚守在工地。工地上红旗招展,竞赛的号子响彻云天。乡亲们为感谢人民子弟兵的恩情,除了将家里的茶水烧好、绿豆汤熬好送到工地,还杀猪宰牛羊慰问部队,总之,就想帮部队做更多的事儿。

△ 修建成昆铁路,得到全国各地的大力支援。沿线各族人民看到部队副食供应困难,就想方设法筹集,跋山涉水,把肉、菜送到工地

战士们也一样，好不容易有点休息时间，除了到村里帮乡亲们打扫卫生、修建房屋、修理农具、种粮种菜，还将自己种出的土豆、红苕、玉米装满货车，扎上一朵大红花，敲锣打鼓送往村里，送到老百姓的手中。

△ 战士们挤出时间帮助当地人民秋收

当时部队所在的彝族村县只有30000个劳动力，却动员了9000人带着干粮、火把上山打草砍山竹、木条，昼夜突击，很快就超额完成了支铁任务。其他如储备粮食、种菜、挖煤，设置银行、邮电、商业网点等都迅速落实，还在铁路附近开发了两处林区为铁路建设供应木料。部队十分感动。

全国人民对解放军的这种朴素的感情，使我们的军队拥有了强大的战斗力。

距离成昆铁路通车已经过去了50多年，铁道兵也早已在1984年集体转业。但直到现在，每年的清明节，成昆铁路沿线的老百姓还会到铁道旁的烈士陵园扫墓，寄托他们对走远了的铁道兵队伍的怀念和对长眠于成昆铁路线上的烈士们的无尽哀思。

红色
工业

第 11 章
CHAPTER ELEVEN

送给联合国的礼物

成昆铁路的建设创造了18项中国第一、13项世界第一，以成昆铁路为原型雕刻的艺术品获得了联合国特别奖。中国修建成昆铁路、美国『阿波罗号』宇宙飞船探月成功、苏联第一颗人造地球卫星升空被称作人类20世纪的三项伟大杰作。

1984年12月8日10时40分，在美国纽约联合国大厦，联合国官员在会议大厅里向各国代表郑重宣布：象征人类征服大自然和进入宇宙空间的三件礼品获得了联合国特别奖。这三件礼品是：中国的成昆铁路象牙雕刻艺术品，美国阿波罗宇宙飞船带回的月球岩石，苏联的第一颗人造地球卫星模型。它们代表了人类在20世纪的三项伟大杰作，具有划时代的意义。

△ 精心制作送给联合国的礼物

第11章 送给联合国的礼物

△ 山高谷深，战士们人力抬运设备进工地

正如联合国的评价，成昆铁路的建设在艰险的地质地理条件下创造了18项中国第一、13项世界第一，称它为人类征服自然的杰作当之无愧！

在如此差的地质地理条件下修建一条铁路，除了筑路人的拼搏，人类更是利用了科学这一利器。在成昆铁路的建设中，采用了许多中国第一，甚至世界第一的技术、设备和施工方法。

成昆铁路是我国第一条全线一次采用内燃机牵引的一级干线。全线隧道预留了将来改造成电气化铁路的空间，广通至昆明路段预留了将来修建复线的位置。全线采用6‰的限制坡度，北段加力坡用13‰和16‰，南段加力坡用12‰。一般路段的最小曲线半径为600米，困难路段的最小曲线半径为400米。站场到发线的有效长度，区段站一次建成850米。这一系列的设计，减少了火车的运行难度，提高了列车的运能，使成昆铁路成为当时中国建设的标准最高、运能最大的铁路干线。

成昆铁路全线运营里程1100千米。自成都东站东端成渝铁路上出岔至昆明西站西端，运营里程全长 1082.32 千米，是中华人民共和国成立后，我国按照自己的标准自主设计、自行施工的最长干线。

全线修有大、中、小桥 991 座，占线路长度的 8.5%；涵管 2263 座；隧道和明洞 427 座，总延长 341 千米，占线路长度的 31.5%；桥隧总延长 432.7 千米，占线路总长的 40%。在桥隧密集的一些地段，桥隧长度占线路总长的 80% 以上。

2 千米以上的隧道 34 座，总延长 96.6 千米。作为重难点工程排名前三位的沙木拉达隧道、关村坝隧道、莲地隧道，修建时用了当时世界上最先进的 YT-25 型凿岩机、BZ-35 型槽式出碴列车、

△ 铆住高山，桥隧相连

LM-250 型风动装岩机等设备；在爆破上也采用了多段段发电雷管引爆、串联连接，用 380 伏动力线起爆等先进技术。成昆铁路也是当时我国机械化施工水平最高的铁路。427 座隧道中，6279 米的沙木拉打隧道是当时我国已建成铁路的最长隧道，直到 1975 年铁道兵在京原铁路线上修建了 7031.9 米的驿马岭隧道，这一纪录才被打破。

成昆铁路线上，200 米以上的大桥有 113 座，其中 500 米以上的有 10 座。金沙江大桥主跨 192 米，为当时我国已建成铁路线上最大跨度的钢桁梁桥。一线天 54 米跨度的石拱桥，也是我国当时已建成铁路线上跨度最大的石拱桥。1166 米的大田菁大桥和 1817 米的青衣江大桥（1973 年改建）的长度居全线跨江大桥前列。密马龙 5 号大桥的最高墩 56 米，为全线最高桥墩。全线还有采用了先进技术的 112 米系杆拱栓焊钢梁、钢筋混凝土柔性桥墩、大跨度悬臂灌注钢筋混凝土梁等新结构的桥梁。如今，中国已成为世界桥梁大国，所建的桥梁无论是长度、高度还是跨度，无论是钢桁桥、斜拉桥还是悬索桥，几乎包揽了所有的世界第一。而桥梁建设中常用的悬灌梁、钢筋混凝土柔性梁和桥墩及高速铁路用的 32 米 900 吨的混凝土预制梁等，都是从成昆铁路修建中起步、成长起来的。

成昆铁路全线有 700 多千米穿过西南和滇北山区。为了在不良地质地段选择较好的位置，线路 13 次跨牛日河，8 次跨安宁河，

49次跨龙川江及其支流楚雄河、广通河。为了克服地势上一层层台阶造成的巨大高差，发挥最大运输能力，铁路的修建采用了长隧道、加力坡和适当展线相结合的办法，在乃托、乐武、韩都路、两河口、六渡河、巴格勒、法拉等地建设者做了7处盘山展线。这些展线有灯泡形、S形、麻花形，蜿蜒盘旋，加上为绕过大山而修建的"盘山铁路"，形成了今天的成昆铁路沿线独一无二的风景，也是世界铁路上难得一见的奇观！"无限风光在险峰"，景有多美，创造景致的努力就有多艰难！

成昆铁路全线的路基工程修建也很艰巨。瓦祖车站路堤、关村坝车站路堑边坡均高达60多米，为全线最高路堤和最深路堑。长河坝站内路肩挡墙高19米，二堆子车站挡墙长1000多米，分别为全线最高和最长的支挡建筑。在不良地质地段，则采用了锚杆挡墙、桩基挡墙、托盘式路基挡墙等新型和轻型支挡，以及锚杆喷浆护坡、锚杆钢筋网喷浆护坡、锚固桩等防护工程。这些挡墙的类型及修建技术，我们今天已是司空见惯，但修建成昆铁路时，这些都是当之无愧的第一，不仅是最新式的，也是效果最好的。如果没有它们，修建在泥石流频发的印度洋板块与亚欧板块碰撞的大陆冲突带上的成昆铁路真会成为废铁。

全线除成都、昆明外，共设车站122个。其中站内有大中桥、隧道42座，所以，全线修建的双线和多线桥梁87座（折合长度13.4千米），双线和部分双线隧道20座（折合长度3.8千米），这

△ 大渡河峡谷建起了车站

也成了成昆铁路特有的景观。在关村坝车站，站台也是观景台，车站的一半在山洞中，站台的外侧是谷深流急的大渡河，里侧是仰不见顶的险峻高山。在这个"气死猴子吓跑鹰"的地方，成昆铁路从山腰穿行而过。

全线正线铺设每米50千克的钢轨，站线铺设43千克的钢轨。成都到燕岗铺设了150多千米的无缝钢轨。在37座隧道内铺设了总长达82千米的整体道床和轨枕板。现如今，我们的高速铁路，特别是时速达350千米的高速铁路用的就是无缝钢轨和无石碴轨道板，乘客们由此告别了火车运行中的"喊咔"声，而这一技术我们在几十年前修建成昆铁路时就已经开始尝试了。中国的高铁之所以能占领世界高铁技术的鳌头，就是靠几十年的积累和沉淀，不断发展成熟的。

成昆铁路全线设计移频自动闭塞、电子调度集中，拥有机车信号自动停车装置和无线列调，车站装有电气集中等现代化信号和调度指挥设备。全线利用小同轴大综合电缆，装有300路载波电话系统和长途、区段、地区电话的自动交换机，以此提高铁路通信的现代化程度。为保证各项新设备的可靠运行，全线架设贯通的高压电力线路和相配套的发、变、配电所。这些新技术、新设备配套使用后，全线年运输能力可由原设计的 850 万吨提高到 1200 万~1300 万吨。虽然当时受到"文化大革命"的影响，上述运营设备综合现代化的计划未能全部实现，但成昆铁路线装配的通信和信号系统堪称当时最先进的。如今在高速铁路上使用的 C3 列车控制系统和高级别通信设备，也是从成昆铁路发展来的。

在 1964—1966 年的西南铁路建设会战中，遵照中央指示，1964 年 9 月成立了西南铁路建设总指挥部，由中共中央西南局第一书记李井泉同志任总指挥，吕正操、刘建章、郭维成、彭敏、张永励、熊宇忠等同志任副总指挥。下设工地指挥部、技术委员会和支援铁路修建委员会，统一领导、集中指挥这场大会战。

科学的组织机构、严密的组织管理是打赢这场会战最牢固的基础。在成昆铁路大会战中，建设者们遵循着实践第一的唯物主义思想，会战伊始就颁发了《关于成昆线采用和发展新技术的决定》，确定在牵引动力、通信信号、线路上部建筑、桥隧土石方各项工程快速施工四个方面，有目的地采用各种新技术、新设备、新工艺、新结构、新材料和新施工方法，以改变我国铁路技术装备和施工技术落后的面貌，提高铁路的建设水平和运输能力。在这个决定中还强调要注重发挥技术人员的作用，明确了技术人员的责任制。在管理上，调动了1200名科技人员成立了40多个新技术战斗组，制订了《勘测设计工作条例（草案）》和《施工管理工作的若干问题（草案）》来指导勘测设计和现场施工工作。

路线、政策、方法确定后，能不能打胜仗，人是决定的因素。

为了调动建设者的积极性，除了当年十分重视的思想政治工作，施工中还有计划、有目的地组织了针对性极强的群众性竞赛活动。

参加过成昆铁路建设的同志，印象最深刻的就是当年的那些竞赛活动。

△ 上工的路

针对成昆铁路全线隧道多而且长是控制工期的关键这一情况，开展了"月成洞百米"竞赛。施工速度提上来后，又提出了"以高速度为核心，突出好和省"的口号。同时在隧道施工中开展"双百（月成洞百米、每米百工）、双保（保质量、保安全）、两不超（材料、风电不超耗）"竞赛活动。为提高路基的修建速度和质量，在土石方机械施工中开展"万方（每机月产万方）、三保（保质量、保安全、保节约）、两率高（机械完好率、使用率高）"等竞赛。竞赛中，成昆铁路的建设者展现出了你追我赶，不服输、不掉队；不怕牺牲、科技引路、勇争第一的精神。

有了永不言败的精神，有了科学严谨的实战，就没有克服不了的困难！

1985年，在复杂地质、险峻山区修建成昆铁路所研发出的新技术获得了国家科学技术进步奖特等奖。

红色
工业

第 12 章
CHAPTER TWELVE

成昆铁路的修建，改变了西南地区 2700 万人的命运

要想富，先修路。成昆铁路的修建是国家战略发展的需要，但它的价值和意义远远超出了最初的规划。成昆铁路把国家对西南地区发展的政策运进了大山，把人民共同富裕、民族团结的成果运出了大山，实现了沿海和内陆地区的平衡发展。

成昆铁路的建成，对沿线乃至整个中国的政治、经济、军事、外交等都产生了巨大的影响。

当年，成昆铁路通车时就有人预言：成昆铁路的修建将改善西南地区的交通状况，使西南地区成为我国机动灵活的战略大后方；配合攀枝花工业基地及西南地区其他重要工业基地的建设，进一步开发西南地区的资源，可促进中国工业体系在西南地区的发展；能促进西南地区，特别是多民族地区的经济社会发展和民族团结，可改变西南地区的经济状态。西南局书记李井泉说：成昆铁路的通车，将改变西南地区2700万人的命运。

我们站在50多年后的今天回头审视这条铁路，会对它修建的意义和价值有更多、更立体、更深刻的认识。

成昆铁路的修建，为"三线建设"、完成国家重大经济战略的调整提供了必要条件。

中华人民共和国成立前的工业70%分布在东部沿海地区。这是历史原因和地理条件决定的。中华人民共和国成立后，基于当时的国际环境，毛主席强调：要使沿海和内地的工业布局逐步平衡，这样有利于备战。因此，国家加强了战略后方的建设。

1964年夏，党中央和毛主席作出决策："注意国际形势的发展，准备打仗，在长远规划中首先要搞好战略布局，加强三线地区建设。"

为落实中央决策和毛主席的指示，周总理多次召集国家计委、冶金、地质、铁道、机械、电力等部门的领导同志开会，研究三线建设的相关问题。特别提出：经济建设，铁路先行。

成昆铁路通车当日，攀枝花炼出了第一炉钢，西昌卫星发射基地启用，我国西南地区从此热闹起来，热门起来。

成昆铁路的修建促成了西南地区军工基地、航天基地、钢铁基地等的落成，促进了核能、冶金、航天航空、造船、电子、化工、机械等门类齐全的工业体系的建立。成昆铁路线上的攀枝花钢铁厂，如今已成为中国最大的铁路用钢、钒制品、钛原料和钛

△ 西昌卫星发射中心

△ 攀枝花钢铁厂生产的钒钛钢轨，占据我国高铁市场的 70%

白粉生产基地，攀枝花也从蛮荒跨入文明，成为我国西部重要的重工业城市；西昌卫星发射中心是当年铁道兵选点建设的，目前航天发射活动已突破百余次，成了世界知名的航天城。50多年来，成昆铁路沿线建成的大中型骨干企业近千个，这些企业的发展离不开原材料的输入和各类产品的外运，如果没有成昆铁路这样的交通线，这些企业的建设与发展都是不可想象的。

成昆铁路的修建，拓展了铁路网覆盖范围，彻底结束了中华人民共和国成立前西南地区几乎没有像样铁路的历史。它与川黔、贵昆、湘黔、襄渝、焦枝、阳安等铁路干线形成了总里程近5000千米的西部铁路网，使我国交通战略覆盖范围进一步向西南延伸。它与成渝线、贵昆线、渝黔线相连，构成了联结三省一市的路网

第12章　成昆铁路的修建，改变了西南地区2700万人的命运

骨架。它北经成都，通过宝成铁路连接西北地区；南经昆明，通过沪昆铁路与华东各省和上海市相连，通过南昆铁路与华南的广西、广东、福建沿海三省相连，通过昆（明）蒙（自）河（口）铁路连接到中越边境，通过修建的大（理）瑞（丽）铁路直达缅甸等国。如此一来，泛亚铁路大通道我国一侧已经全部打通，"一带一路"通往南亚的陆路交通网即将形成，成昆铁路不仅是中国铁路网中的主要干线，也是亚洲铁路网中的主要干线。

成昆铁路的修建，是我国第一次的西部大开发，为发展西部经济奠定了基础。

在成昆铁路未建成前，沿线大部分乡村没有电、没有公路、没有自来水、没有学校……很多地方连温饱问题都没有解决，更多的地方还是荒芜的贫瘠，物质文明、精神文明程度与东部沿海城市的差距很大，这直接影响着我国东西部的经济平衡以及整个国家和社会的稳定。有了铁路，国家对西部地区大量的经济、文化投入才能成为现实，这在当时不仅使东西部地区的经济差距逐步缩小，而且在 20 世纪末为国家进行西部大开发，为中国特色社会主义进入新时代打赢扶贫攻坚战提供了支持。

成昆铁路的修建，改善了沿线人民的生活，促进了民族团结。

成昆铁路沿线的物产资源十分丰富。沿线的西昌地区和元谋至昆明一带盛产粮食和经济作物；铁路沿线还富有铁、煤、铜、钛等矿产资源。铁路修建前，丰富的矿藏只能沉睡地下，

△ 今日新城——攀枝花钢铁基地

百姓种出来的粮食除了自给自足，很少能被运送出去。

铁路修通后，沿线的工厂建起来了，资源运出去了，百姓的生活物资丰富了，精神文明进步了，不仅给当地人民带来了收入，还带来了更好的生活。铁路修通后，龚嘴、铜街子、二滩、锦屏电站相继建成，水能基地形成了网络，为国家西电东输提供了保障。铁路修通后，西昌、攀枝花、元谋等城市发展起来了，木里、盐源、泸沽湖等攀西大峡谷的美景吸引了更多的人来欣赏，旅游带动了经济发展，为当地的百姓带来了富裕幸福的生活。

还有农业的变化，这也是老百姓最能看清的身边的变化。

成昆铁路经过的少数民族聚集区位于西南地区深处。过去，百姓爬山靠藤绳，过河靠溜索，没有其他现代的交通方式通往外

△ 今日彝寨

界。由于长期与世隔绝，经济十分落后。铁路的建成将这些民族部落带出了山区，与外界交流，使他们走向现代文明，走到了现代生活的最前沿。以元谋县为例，依托成昆铁路，县城盛产的蔬菜从自给自足到供应昆明和成都两座省会城市，再到畅销国内150多个大中城市。如今，元谋县每年有3万多吨的洋葱、番茄、菜豆、香葱等通过成昆铁路以转口贸易等方式出口到韩国、日本、俄罗斯、美国及欧盟、东南亚等国家和地区，蔬菜外销量占云南省冬春蔬菜出省外销总量的1/4。

成昆铁路不仅改变了2700万人的命运，还让与这2700万人相关的人的命运也发生了变化！

△ 成昆铁路沿线的元谋县已经成为出口 16 个国家的蔬菜基地

要想富，先修路。对百姓来说是这样，对国家来说也是这样。成昆铁路带来的巨变印证了这句话。

红色
工业

第 13 章
CHAPTER THIRTEEN

沿着前辈的足迹前行

苍老而陈旧的成昆铁路依旧在负重运行，它一直在悬崖峭壁间、在崇山深谷中、在急流险滩上悄悄地见证着我国西南地区大山大河中经济的飞速发展、人民生活的巨大变化，它将与成昆铁路复线一起担负起新时代的责任，并肩前行。

成昆铁路自 1970 年通车运营以来，一直承担着我国西南地区繁重的客货运营任务。随着经济的发展和人民需求的不断提高，既有的成昆铁路无论是速度还是运输能力都不再能满足需要，建设一条质量更好、标准更高、速度更快、运能更佳的成昆铁路复线已迫在眉睫。

成昆复线是在既有成昆铁路的基础上新建或增建二线的铁路线，大体沿着既有成昆铁路线路方向铺设，或毗邻、或交叉、或

△ 成昆铁路复线建设中的桥梁建设

并行。全线分为成都至峨眉段、峨眉至米易段、米易至攀枝花段、攀枝花至永仁段、永仁至广通段、广通至昆明段，采取分段施工的方式进行改造。工程竣工后，新线路将主要承担客运功能，兼顾货运功能，老成昆线将主要承担货运功能和短途客运功能。新线设计时速计划为160千米/时。届时，从成都到昆明将有望6个多小时到达。

成昆铁路复线广通至昆明段于2007年10月开工，2013年12月开通运营；成都至峨眉段于2013年12月开工，2018年1月开通运营；永仁至广通段于2013年12月开工，2019年10月开通试运营；攀枝花至永仁段于2013年12月开工，2020年1月开通运营；米易至攀枝花段于2013年12月开工，2020年5月开通；峨眉至米易段于2016年4月开工，计划2023年10月开通。

当年，受技术水平和机械化水平的限制，为避开地质破碎、高差大、施工难度高的地段，老成昆铁路在设计上创造性地采用了盘山展线的方法，即加长线路、绕道通过的办法。成昆复线则截弯取直。因此，长度比老成昆铁路减少了近200千米，全长不到900千米。这意味着复线的隧道更多，线路的桥隧占比更高。原铁八师，现在的中铁十八局施工的米易至攀枝花段约27千米的线路，桥隧占比竟达99%以上。铁路全线90%穿行于山体峡谷中。

还是那样的地质、地貌，不一样的是现在的技术水平和装备水平已是今非昔比。今天，中国铁路建设的装备水平、技术水平、施工能力都有了质的飞跃，已经位居世界前列。

就隧道施工来说。

成昆铁路复线上的隧道不仅比老线多了，而且长了，仅米易至攀枝花段就有隧道13座，总延长54.96千米。其中，10千米以上的特大隧道就有3座，全线最长的小相岭隧道长度近30千米，但修建过程中没有再出现伤亡情况。

作为当年机械化施工水平最高的成昆铁路，开挖隧道最先进的设备是进口的全断面液压钻臂式凿岩台车、大型装岩机、大型斗车、槽式列车、喷射混凝土机、混凝土泵、混凝土搅拌运输车、衬砌模板台车等，但这些设备只能在一些长大隧道或特殊隧道的施工中使用，一些地质情况相对复杂的短小隧道，还得靠人工开挖。人工用到的最先进的设备就是国产风枪了，其他的大部分工具还是铁锹、钢钎和大锤。即使是风枪，也不是所有施工队伍都有的。据1965年列表，铁道兵在成昆铁路年计划开工的隧道口是134个，但只有13个口配上了机械；计划配备3000台风镐，但实际到3月底仅解决了1200台。

为了使当年铁道兵1千米牺牲两名战士的悲壮历史不再重演，如今成昆铁路复线的建设者们特别注重安全施工。他们在隧道施工中引进了超前地质钻机、孔内成像仪、自动抽排水系统、节能变频风机、长大自行式液压栈桥等成套工装设备，以解决排水、通风、岩爆、塌方预报等问题，通过预留沉降量，增加大拱脚拱架、双层小导管等方式，确保隧道软岩施工安全。施工的工法也有了改变，过去的爆破控制性较差，隧道超挖、欠挖的问题都不能被很好地控制。现在，100%使用世界最先进的新奥法，杜绝了超挖、欠挖的问题。在复线隧道施工中，建设者全部使用世界最先进的全断面凿岩机、混凝土喷射机、衬砌台车、出碴设备等，不仅解决了安全问题，还保证了施工质量，一座座双线隧道光洁明亮，犹如一座座地下宫殿。最值得骄傲的是，上述所有的施工机具全部由中国制造。遗憾的是，因为地形地势太险恶，所以施工便道条件太差，中国自己研发制造的不需要人力开挖的全自动隧道施工利器TBM、盾构机等还无法在成昆铁路复线上使用。

施工速度因修建装备和技术水平的提高也与当年不可同日而

△ 月直山隧道现代化的施工设备

语。峨眉山至米易段的老鼻山隧道正洞长 13579 米，是这段铁路最长的隧道。沿线地质属大渡河峡谷构造剥蚀地貌，隧道中有大型溶洞、涌水、岩爆、高地应力大变形、岩堆等不良地质，是全线 18 座重难点、高风险隧道工程之一。从 2016 年 12 月 1 日进入正洞施工到 2020 年 6 月 23 日贯通，原铁道兵二师，现在的中铁十二局，只用了 3 年 6 个月 22 天就打通了隧道。

桥梁的施工也有很大的不同。

成昆铁路建设中，刚刚发展起来的悬灌梁桥、拼装梁桥、串联梁桥、栓焊梁桥，如今在技术上、规模上、质量上都已走在世界前列。今天的铁路桥梁建设，成为世界铁路建设的亮点：成贵高铁吊南河特大桥，悬灌梁单跨达到 114 米；所有铁路预制桥梁

△ 2019 年 12 月 30 日，世界最大跨度铁路拱桥——大瑞铁路怒江特大桥正在进行桥面铺设

第 13 章 沿着前辈的足迹前行

早已实现工厂化生产；京沪高铁昆山特大桥梁体串联后达164.8千米；大瑞铁路怒江特大桥钢桁梁一跨就是490米，为世界铁路最大跨度的钢拱桥，黔张常铁路阿蓬江特大桥桥墩高173.7米，在世界上也是首屈一指的……

在成昆铁路复线桥梁施工中，除应用了这些技术外，还用到了当今世界桥梁建设中最先进的旋转桥施工技术，即将桥梁结构在非设计轴线位置（容易制作的地方）制作成形后，通过转体就位的一种施工方法。原铁道兵一师（今中铁十一局），在龙川江三线大桥建设中创造了铁路桥梁转体最高、重量最大两项世界纪录，开创了世界桥梁建设史上墩中转体的先河，有效填补了国内外桥

△ 2017年11月7日，我国首座墩中转体桥，新建成昆铁路永仁至广通段龙川江大桥成功实现桥梁转体

梁施工领域的多项技术空白。

　　苍老而陈旧的成昆铁路还将负重运行,它一直在悬崖峭壁间、在崇山深谷中、在急流险滩上悄悄地见证着我国西南地区大山大河中经济的飞速发展、人民生活的巨大变化,默默讲述着一代人用火一般的热情、用血的代价、用全部生命力扛起民族自强责任奋斗不息的故事。

　　今天这个故事在延续,明天也一定会延续下去。就像它旁边的成昆铁路复线,年青的生命将担负起更重的责任前行。

红色
工业

第 14 章
CHAPTER FOURTEEN

红色基因永流传

成昆铁路通车至今已有50多年，有些修建者永远留在了这条铁路线上，有些已经走上了其他的工作岗位，但成昆铁路承载的红色基因被永久保存了下来，并将一代一代传承下去，成为永恒。修建者们无惧、无畏、无私的精神被镌刻在历史的丰碑上，战友们记得、人民记得、国家记得，世界也记得。

修建成昆复线的同时，老成昆铁路也在进行着改造，行车速度由开通时的 60 千米/时，提升至 80 千米/时，个别路段还达到了 120 千米/时。很多线路从干线转为支线，也有的隧道已经废弃。在转为支线的攀枝花至普雄、普雄至燕岗段跑着 5633/5634 次、5620/5619 次慢速列车。在高铁时代，它们地处偏远地区，坚持着 30 元以内的票价，以 30 多千米/时的速度，像 50 年前一样，为大山里的百姓走出大山、走上富裕道路做着自己的贡献。

在有小慢车通行的黑井镇，有一位叫李大芬的老铁道兵，是当年铁八师的小班长。建设成昆铁路时，他班里的战士在黑井隧道施工时遭遇塌方而牺牲，从此他留在了那里。每到年节或成昆铁路开通等重要的日子，他都要去祭奠那些战友，跟他们说说战友情谊，讲讲时代的变化。

刘晋萍是当年五师的外科医生，在一次塌方抢险中，一位 18 岁的小战士就死在了她的臂弯中。退休后，她每年自费从北京到成昆铁路，和自发组织起来的老战友们一道，一个陵园一个陵园地祭奠着那些生命停驻在 18~20 岁的烈士，把他们的姓名记下来，整理成"铁道兵烈士名录"。

兰远钧，中铁十八局某公司的董事长，修成昆铁路时是某铁道兵部队连长，跟他搭班子的指导员牺牲在成昆线上，他送指导员的遗物到家里，一个5岁和一个2岁的孩子令他唏嘘不已，于是他接下了一辈子照顾这个家庭的重担。

老铁道兵们忘不了自己的战友，沿线的人民更没有忘记他们。

四川省乐山市建立了铁道兵博物馆，收藏了修建成昆铁路时的实物，总计3000多件，截至目前接待的参观人数达30万人。如今，博物馆所在的乐山市金口河镇胜利村已成为展现铁道兵生活和精神的主题文化村，走到村口，铁道兵氛围扑面而来。墙上的壁画、村里的标语及山上的雕塑都在述说着当年那场会战中铁道兵的故事。馆里的讲解员王帮华原本不熟悉铁道兵，但为铁道

△ 位于四川省乐山市金口河铁道兵博物馆的成昆铁路建设者雕像

兵的事迹所感动，便几年如一日，拿着临时工的工资，加班加点做着超负荷的讲解与接待。现在，他俨然已经成了熟知铁道兵历史和成昆铁路的专家，每个到馆参观的人，无论是老兵还是旅游者都会被铁道兵的故事感动，更被他的真情感动。

成昆铁路沿线的群众有不少人在呼吁、在奔波，想要促成建立一座成昆铁路遗址博物馆，想保护、留存一段完整的成昆铁路原貌，就在攀枝花附近那些废弃的线路上，整理出车站、隧道、桥梁，就在原汁原味的隧道里，展现当年建设成昆铁路的场景，讲述为修建成昆铁路英勇献身的烈士们的故事。

四川师范大学首席教授、博士生导师蔡方鹿，当过5年铁道兵，打过4座隧道，修过3座桥，参与建设过成昆铁路、襄渝铁路。转业后考上了大学，历任四川省社会科学院研究员、哲学研究所所长、四川省中国哲学史研究会会长、四川省朱熹研究会会长。2011年入选第三届中国杰出人文社会科学家，享受国务院政府特殊津贴，兼任中国朱子学会副会长、国际儒学联合会理事、中国哲学史学会理事、中国人民大学孔子研究院学术委员会委员等。尽管已著作等身，尽管教学研究和学术活动已经让他应接不暇，但他忘不了那段作为铁道兵战士的历史。十几年来，他每年都会自费带着学生走一趟成昆铁路。这些学生中有本科生、研究生，他们跟着老师看当年修建的隧道、线路，听老师讲当年奋战的故事，再一起采访老铁道兵，在沿线的村寨做各种调研，体验铁路带来的各种变化，思考中国文化的发展与传承；祭扫烈士陵园，了解烈士们的故事，传承铁道兵精神，更加珍惜人生、珍惜学习的机会。

蔡方鹿说："当年，我亲手点过不下 10000 个炮眼，数次与死神擦肩而过，年年被评为'五好战士'，还作为解放军'五好战士'代表在 1970 年 10 月出席了四川省西昌地区首届'三代会'。尽管后来因为上学、教书、做研究，离铁道兵的生活远了，但我依然怀念当年的艰苦生活和当年的那些激情。是铁道兵的生活磨炼了我的意志，给了我许多思考。铁道兵不怕牺牲、勇敢顽强，忠于党、忠于人民，用双手构筑起新中国崛起的框架，用坚强的臂膀扛起国家和民族责任的担当，那种脊梁精神早已深深镌刻在我的心里，融入了我的血液。我认为，铁道兵的精神、铁道兵的文化也是中国传统文化的一部分，二者之间有着不可分割的联系，我们有责任把它世世代代传下去。"

铁打的学校、流水的学生，蔡方鹿就像一名播种者，那些跟着他走过成昆铁路的学生，大概永远不会忘记这位老师，还有那条铁路。

铁道兵于 1984 年集体转业了，铁道兵的番号也取消了，这支队伍现在的名字叫中国铁道建设集团有限公司，简称中国铁建。

为了完整、系统、真实地保存铁道兵这一兵种的历史，记录铁道兵在中华人民共和国建设中的丰功伟绩，展现铁道兵在战争的炮火中、在和平的建设里"忠诚事业、信念坚定、无私无畏、永不言败"的精神面貌，发扬铁道兵的优良传统，教育广大员工和社会各界人士更好地为建设祖国、为实现中华民族伟大复兴的中国梦做出更大的贡献，2012年，中国铁建在原铁道兵司令部大院建立了铁道兵纪念馆，2014年1月面向社会免费开放。

　　铁道兵纪念馆建筑面积4000平方米，珍藏着5000多张图片、3000多件套藏品，展陈面积2700平方米。馆内以大量的图片、实物，LED、投影仪、触摸屏等多媒体设备，浮雕、圆雕、钢板画、沙盘、场景复原等大型艺术品，高速铁路建设大型装备、盾构机、大型养路机械、转体桥、高铁电气化系统等模型，完整再

△ 位于北京长安街西延线上的铁道兵纪念馆

现了铁道兵 35 年的历史全貌和中国铁路建设的发展历程。其中，成昆铁路篇是场馆的展示重点。

开馆 5 年来，铁道兵纪念馆吸引海内外政府官员、知名人士、商务团体、各大院校师生及其他社会人士参观 30 多万人次，多次接待参加中国主办的"一带一路"论坛、中非论坛等的国家政要和媒体，海外 80 多个国家的政府、商务团体、媒体团等参观 600 多次，中、小学生参观近 3 万人次。

目前，铁道兵纪念馆已加入中国博物馆协会、北京市博物馆学会、中国自然博物馆协会、北京市校外教育协会、中国铁道学会文博委员会等相关社会团体；2015 年，铁道兵纪念馆获得了国

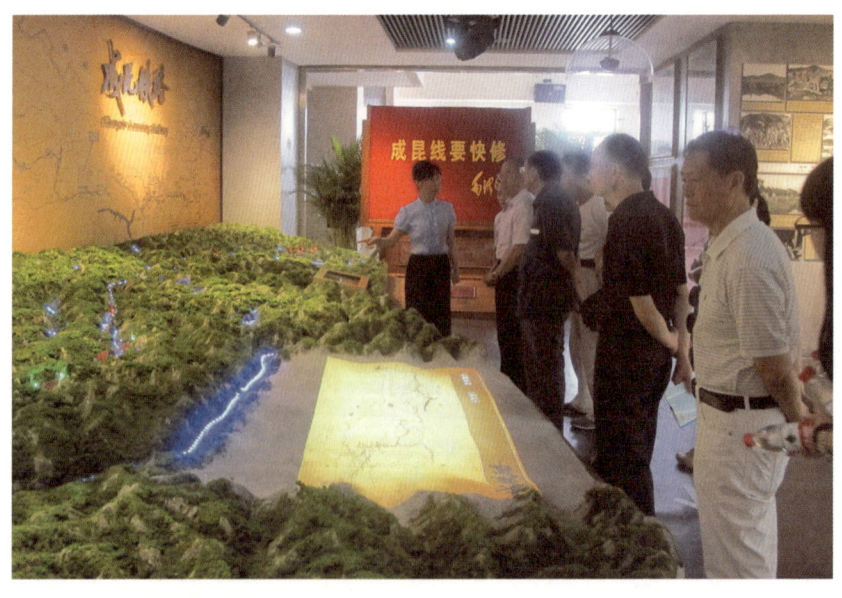

△ 成昆铁路建设历程吸引了许多参观者

家人文历史杂志社颁发的"2015中国文化奖之最具影响力奖"，被中国人民解放军后勤部运输投送局定为教育基地，被多个国家部委和众多企业定为党员教育基地，更是中国铁建员工教育基地，特别是新员工的培训基地。

2018年，铁道兵纪念馆成为教育部中小学教育研学基地，2019年成为全国爱国主义教育基地。成昆铁路的故事、铁道兵的精神，正在一批批、一代代参观者中悄然传颂与传递。

2018年的一天，纪念馆接待了一位德国交通机构的官员，看着成昆铁路的路线图，听着讲解员介绍成昆铁路的地质、地貌和建设经过，这位官员说："成昆铁路被评定为人类战胜自然的奇迹实至名归，在20世纪60年代，成昆铁路不仅是中国，更是世界山区铁路建设的典范。"

成昆铁路修建者们留给我们的不只有一条路，还有一种精神、一种骄傲，是中国铁路建设者的骄傲，也是中国人的骄傲。

50多年来，各种纪念成昆铁路的影视作品不断涌现，《成昆铁路》《战斗在万水千山》《大山里的共和国建设者》《永远的铁道兵》《难忘铁道兵》《国家记忆之成昆铁路》等，它们是再现成昆铁路建设史的一朵朵小小的浪花，激荡出我们对那个时代、那些建设者的怀念和敬仰。

永远的铁道兵，永远的成昆铁路。